日本のものづくりを救う！最強の「すり合わせ技術」

津曲公二
Tsumagari Koji
【著】
酒井昌昭
Sakai Masaaki

B&Tブックス
日刊工業新聞社

はじめに

労働生産性で最下位を続ける日本は、ダメな国か？

わが国は、平等でオープンな階層のない社会です。

大きな災害があっても略奪や暴動がおこらない、よほどのことでもないかぎり公共サービスもマヒしない、きわめて安定している社会です。

我われ日本人には当たり前ですが、世界的に見ると理想的で素晴らしい国といえます。しかも人口が1億をこえる先進国にもかかわらず、このような社会を実現しているのは日本だけです。

ところで、わが国の労働生産性は、統計データのある1970年以降、主要先進7カ国の中でずっと最下位です。労働生産性は、効率の指標ですが、効率をくらべるなら、似たものどうしでなければ意味がありません。

社会の安定を維持していること、想定外の事態で安定が破られたとしても早期に復帰できること、などの評価は労働生産性よりもはるかに大事なことではないでしょうか。そういう大事なことをそっちのけにしている国と日本を同じように比較しても、ほとんど意味がありません。安定した社会を評価する指標がなければ、本当の国際比較はできません。

効率だけを評価する指標を追求することにしたら、日本を壊すことになるでしょう。

効率一辺倒をやめれば、わが国はもっと発展する

我われ日本人が目ざす社会は、人を大切にし、人を重視する社会です。

そのために必要なことは効率を上げることではなく、問題はもっと別なところにあります。

日本のものづくりを一段と発展させるために、解決しておかなければならない課題があります。

まず、著名人でない無名の人の話、新人の話を本気で聞く姿勢がないこと、はなはだしいときはまったく無視してしまっていること、です。

つぎに、わが国には社会的な階層はありませんが、企業間には階層があり、協働活動の障害になっていることです。ここでいう企業間の階層とは、元請けと下請けの関係です。

さらに、ほんとうの「安全」をごまかして、見せかけで「安心」を与えていることです。安全と安心の性質の違いについては、あとで述べます。

これらの課題を解決する努力をすると、わが国をもっと発展させることにつながります。

『すり合わせ技術』は、わが国だけの武器

すり合わせは、もともと「物ごとをうまく調整する」という意味で使われます。

自動車産業では、自動車メーカーの要望に合わせて、部品メーカーが部品を独自に設計し、お互いに細かく調整しながら製品をつくりこんでいきます。そもそも自動車は、エンジン、サスペンションやボディなど、個々のモジュールごとに開発を進めても、全体として最適な性能は得られません。各部門がお互いに連携してモジュールを調整したり変更したりして、つまり、すり合わせをしながら開発を進めます。

デジタル化の進展によって、すり合わせのあり方は変わろうとしています。改善コンサルタントの柿内幸夫氏は、素晴らしい提案をされています。

〝「もののすり合わせ」から「知のすり合わせ」へ〟

すり合わせの対象は、デジタル化によって「もの」のすり合わせから、「知（知識）」のすり合わせに転換できます。そのように考えると、従来のすり合わせ能力をいくらでも発展させることができます。

この発展形を、「すり合わせ技術」と呼ぶことにしました。

すり合わせ技術は日本だからこそできること、しかも、わが国だけの最強の武器になることを、これから述べていくことにします。

本書では、すり合わせ技術を使いこなすだけにとどまらず、技術者の生き方や日本のビジネス道などを6つの章（観点）にして、述べています。

第1章　効率一辺倒はやめる。わが国は「見えない資産（無形の資源）」の宝庫であり、社会の安定を維持していること、これはどこの国もなし得ない優れた特質です。すべてにおいて効率指標をもちこむことをやめれば、わが国はもっと発展できます。

第2章 国際標準に振り回されない。国際標準にはホンネがある。物ごとには、もっともな建て前や美しいかけ声の裏に必ず都合のよいホンネがあります。これらを知り、自らが提案できるためにはどうすればよいか。筆者たちが企業で体験した事例を加えています。

第3章「すり合わせ技術」。わが国でなければできないことは、「見えない資産」を知り、他者がまねできないやり方を生み出すことです。いまそこにあるさまざまな資源の活用を考えます。

第4章 戦略に強くなるカギも「すり合わせ技術」。わが国は戦略で負けています。マクロよりもミクロが気になり、手法に関心をよせるが、残念ながら、その背景にある思想（ベースにある考え方）はあまり気にしない傾向があります。すり合わせ技術を上手に使えば、戦略と戦術は同時進行できることをみていきます。

第5章 チーム力をみがくために技術者がはたすべき役割。技術者はやりがいのある仕事です。とくに日本においてはそうだと思います。職場で仕事をしながら自分はどう成長するか、技術者のリーダーシップとは何か、いざというとき判断がぶれないための軸にしたいことなど、技術者の器量について述べます。

第6章　日本のビジネス道。積極的に世界に向けて発信すべきことを提案しています。誠実で真摯な努力を基本にする日本のやり方は、世界の各国から信頼されています。いま世界中でカネ儲け第一のやり方が広まっています。日本のビジネス道がこれからも世界で信頼されつづけることを述べます。

日本のように共存や共生に重きをおく国は、世界にもっとあったはずですが、いまではほとんど日本だけになりました。自分の企業の利益だけしか考えないやり方、市場を独占するのがベストという考え方などは、いずれは破綻してしまうことでしょう。

日本のやり方は世界に広めるべきすばらしいもの、という認識を、技術者にかぎらず、すべての人たちに強くもってもらいたいと思っています。

目次

第2章

国際標準に振りまわされる日本

第3章

「すり合わせ技術」はニッポンの宝 ～わが国にある独自の資源を活かす

第4章

戦略に強くなるカギも「すり合わせ技術」にある

第5章

チーム力をみがくための技術者の役割

第6章

日本のビジネス道を世界に広める

第1章

効率一辺倒はもうやめよう

～わが国は「見えない資産（無形の資源）」の宝庫

1 見せかけとほんものを見分ける…労働生産性で最下位を続ける日本

わが国は自他ともに認める技術大国です。平等で階層のないオープンな社会、協調性に優れ勤勉で誠実な国民性、黒か白か決着をつけずにあいまいさを許容する文化、しかも世界的にみて長寿企業の多さでトップクラスです。既に述べましたが、大きな災害があっても略奪や暴動がおこらない、労働争議で失う日数も少なく、よほどのことがないかぎり公共サービスがマヒすることもない、きわめて安定している社会です。

ゆき届いた運営をしている国

我われ日本人にはまったく当たり前ですが、客観的にみると理想的なゆき届いた運営をしている国といえます。社会がきわめて安定しているのです。

人口が1億をこえる先進国で、日本だけがこのような社会を実現しています。わが国の地理的な環境が有利に働いていることはあるでしょう。それにしても、このような社会を実現しているということはさまざまなことを考えるうえで無視できない事実です。

日本の大都会で、スモッグのため外出を控えることはありませんが、季節によって、熱中症や花粉症の予報や警報がでるようになりました。もちろん、自然災害の多い国なので、地震があればほとんど1分以内に速報があります。台風などについても同様です。

災害や事故で道路が不通になれば、すぐに復旧工事が着手されます。世界のどこかで感染症が発生したら、すぐにマスコミで伝えられ、対策がとられます。つまり、このような情報について丁寧なサービスがあります。

交通事故の死者数は、ピーク時から約30年で半減し、それから7年でさらに半減しました。

救急車は、呼べば無償ですぐ来てくれるのが常識になっています。

医療について健康保険は国民皆保険が当たり前で、たいていの医療機関を自分で自由に選択できます。これは、世界的にはたいへんぜいたくなことといわれています。

年金や健康保険制度はいくつかの問題をかかえてはいますが、すべての国民が必ず加入できるようになっています。

結果として、平均寿命や健康寿命で世界のトップクラスになりました。南欧などで長寿の人たちが多く住む小さな村が、理想的な社会の姿として紹介されます。そういう村は、探せば世界中にいくつもあることでしょう。

しかし、人口が1億をこえる国でこのような社会を実現できたのは日本だけです。

労働生産性が40年以上ずっと最下位

その日本が、労働生産性について、40年以上にわたって主要先進7カ国でずっと最下位、という統計データがあるわけです。

国民としては長時間労働が日常化している、仕事の進め方が必ずしもよくない、つまらないことやムダなことに時間をかけているのかもしれない、などの自覚や反省はあります。労働生産性にかぎれば、それらが災いして、低い結果になったのかな、と思わないでもありません（労働生産性の国際比較　図1―1）。

ところで、イタリアも主要先進7カ国のひとつです。ラテン系の人たちは、働くことより遊ぶことが得意と評判になりました。ポルトガル、イタリア、ギリシ

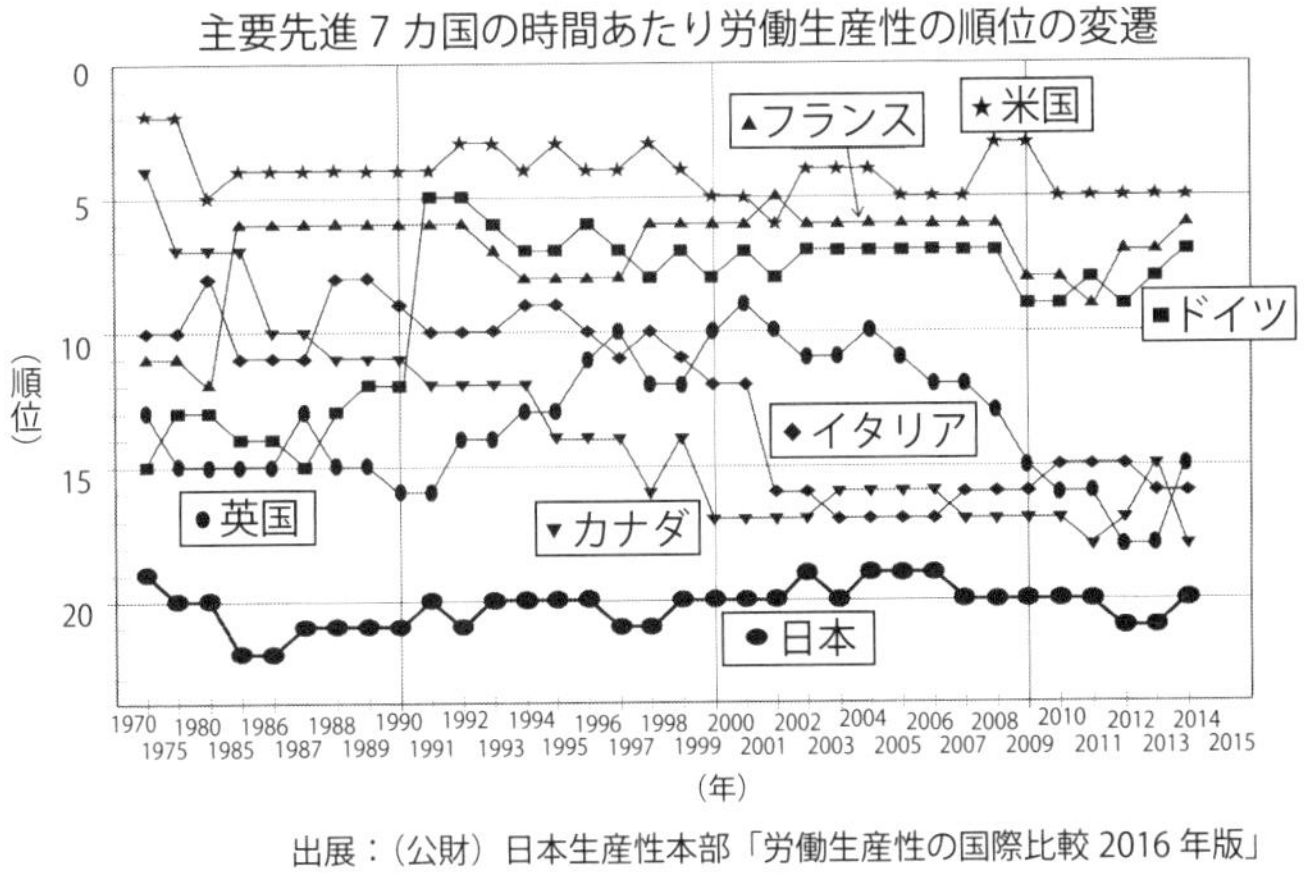

出展：（公財）日本生産性本部「労働生産性の国際比較 2016年版」

図1-1　労働生産性の国際比較

ア、スペインは、まとめてＰＩＧＳと呼ばれたこともありました。労働生産性の国際比較では、イタリアよりも日本は40年以上ずっと低いことを示しています。ひらたくいうと、日本はイタリアよりも働き（稼ぎ）が悪いということです。

社会の安定性が得られたわけ

日本のような社会の運営に優れた国の労働生産性が40年間も先進７カ国の中でずっと最下位という結果は、やはり、どうもピンときません。しかし、７カ国中で日本だけにある特長をまったく評価しないとしたら、ずっと最下位、という結果の算出方法は、それなりに妥当なのかもしれません。

つまり、わが国の特質である社会の安定のための項目は、いっさい評価されていないのではないか。であれば、この効率指標は日本を除く６カ国には適切なものであっても、わが国にはまったく不向きなのではないのか。

わが国は、国民の要求（市場の要求）にしっかりと応えてきたので、結果として社会の安定を得ることができました。労働生産性は、こういうことを大事にしてきたわが国が追求していくべき指標とは思えません。

世の中にはいいかげんな、といって悪ければ不適切な評価指標があふれています。ここで話題にしている労働生産性がいいかげんな指標とは思いませんが、わが国のよいところをまったく評価していないので40年以上ずっと低い評価なのでしょう。

発明王エジソンは小学校を退学

あの発明王エジソンは、小学校のとき先生から学校を出ていくようにいわれました。

1＋1＝2、というようなことにどうしても納得せず、先生を困らせました。学校の成績表にはエジソンの特質を評価する項目はなかったようです。

退学してからは、お母さんが先生のかわりに彼の天分をみごとに引きだしました。お母さんが学校の成績表を気にしていたら、発明王は生まれなかったかもしれません。

入試の偏差値で将来を決める

子供たちの成長にも、ほかと比較しやすい効率指標がつきまといます。普及しているのが学力の偏差値です。入学試験に対する相対的な実力値が数値で示されるので、誰にでも簡単にわかる指標です。関係者に重宝されていることはよく理解できます。

それにしても、これはその学年での限られた学科試験に基づく指標です。

子供の個性はさまざまです。しかも成長のスピードもそれぞれに異なります。人間は変わるものです。ある年齢の特定の指標だけで、判定できることは限られます。

そこで可能性や将来性を見きわめるのは誰がやっても難しい。それで大器晩成という言葉が生まれたのでしょう。大きな器量をもつ人ほど遅咲きで、早めに見きることはもったいない、と考えた先人たちの知恵だと思います。

日本国債の格付け

米国の格付け会社が、日本国債の格付けをアフリカのボツワナよりも低いランクにしたことがありました。日本国債よりもボツワナ国債のほうがお勧めという評価でしたから、ニュースになりました。

新幹線は飛行機より10倍効率がよい

ずいぶん前のことですが、新幹線の車内広告に、新幹線は同じ路線の飛行機より10倍も燃費効率がよい、ぜひ新幹線をつかってエコ出張を、という広告がありました。飛行機と競合する路線なので、こういう広告になったのでしょう。

鉄道と飛行機ではその特質がもともと違うものですから、特定の指標だけで比較することにはあまり意味がありません。それぞれ相手にはない特徴があるのだから、一部だけをとり出して、そこを比較しても無理があります。

地震で路線の一部が不通になれば鉄道は使えません。飛行機は被災しなかった飛行場がどこかにあれば、その役割を果たせます。とくにわが国のような自然災害の多いところでは、さまざまな交通インフラを備えるのが望ましく、特定の効率指標だけでその是非を判断できません。

2 わが国の問題はもっと別なところにある

わが国が安定を維持しながら、発展するためには労働生産性のような効率を上げることではなく、問題はもっと別のところにあります。その問題点を述べることにします。

権威のない人、無名の人、新人の話を本気で聞く気がない、無視する

品質工学の創始者の田口玄一博士は、最初は日本で活動されていました。

思うような状況にならなかったためか、しばらくして渡米され、自動車会社のフォードなど大企業で大きな成果を出して話題になりました。その後、わが国には「タグチメソッド」という名称で逆輸入されたかたちになりました。

筆者にも経験があります。ソニーに在籍時、商品開発で試作機をつくるときでした。

無名の小さなメーカーの部品を使うことにしました。独自の性能が優れていたからです。

ところが、購買部門の担当者が「このメーカーは困る」と言ってきました。実績もないし取引の口座もない、というのです。

しかしながら、ソニーも創業当初はまったく同じ状況、つまり、無名の時代があったはずです。自社の固有の歴史に無知なことは、社員として恥ずかしいというべきです。しかも、ここにはいざというときに責任を問われたくないという責任逃れ（保身）の傾向がみえます。自分の仕事に鑑識眼や誇りがない、とすれば職業人として致命的です。

この点、米国は率直でおおらかな感じがします。

自動車業界に大きな功績のあった人を称えるため、米国には自動車殿堂がありま す。殿堂入りする人はほとんどが経営者です。

この中で、異色といってよい日本人が殿堂入りをしています。ひとりは前述の品質工学の創始者の田口玄一博士です。彼は経営者というより学者です。フォードやゼネラルモーターースなどは、タグチメソッドのおかげで大きな品質改善ができた、といわれています。たいへんお世話になりました、という素直な気持ちが感じられます。

片山豊氏も異色です。日産自動車の改革を主導したカルロス・ゴーン氏が、退職していた彼を引っ張り出すまで、日産の社内ですらほとんどの社員は彼を知ることはなかったと思います。

殿堂入りの理由は、スポーツカー日産フェアレディZの米国市場への導入です。1970年代、代表的なスポーツカーのポルシェは素晴らしい性能ではあるが、高価格でふつうには買えないクルマでした。そこに性能に対するコストパフォーマンスが抜群に優れ、大ヒットしたのが日産フェアレディZでした。

つまり、優れたマーケティングの結果が評価されたわけです。殿堂入りしている人たちはほとんどが有名な経営者たちです。その中にあって、経営者でもなければ役員でもない無名のマーケターを指名する。米国人の素直さと的確な判断がみえます。

わが国には社会的な階層はないが、企業間には階層がある

江戸時代には士農工商という社会の身分制度がありました。明治になり四民平等となりました。その後、平民の上に貴族制度がつくられましたが、敗戦できれいになくなり四民平等の社会に戻りました。

日本人の階層意識は、欧米諸国に比べてきわめて低いといえます。生まれたときから社会的に行き場のない閉塞感をもつ階層は存在しません。

欧米社会には、いまでもあきらかに階層があります。主要先進国で社会の階層がない国は日本だけです。ところが日本の企業間にはあきらかな階層が見られます。元請けと下請けの関係です。

自動車メーカーは、系列部品メーカーとの間で企業間に階層があります。多重の下請け構造があります。

過去の日米通商摩擦で、「ケイレツ」は非関税障壁と非難されました。自動車が最終的な製品として出荷されるまでには、数千点の購入部品が必要になります。

十分な品質管理の下で生産されたものがタイムリーに納入されなければ、円滑な生産はできません。厳格な品質管理が要求されることはよくわかります。自動車メーカーは品質管理のすぐれた多数の下請け企業群によってはじめて成り立っています。また、先進的な研究開発による部品メーカーからの提案も期待されています。これらの企業は重要なパートナーのはずです。

筆者は、ケイレツそのものは重要で不可欠な存在だと考えています。しかし、問題は自動車メーカーの付き合い方です。パートナーとは考えず上下関係または従属する関係が目立ちました。自分たちではとても無理なスケジュールを要求する、契約にはない理不尽な要求をする…。

ここではこういう要求の詳細はさておき、人事部や総務部の苦心を紹介します。日産の開発センターの打ち合わせスペースに自動給茶機を置いたことがありました。それまでも飲料の自動販売機（有料）はありました。打ち合わせ時に訪問してきた部品メーカーの方が日産社員の分も買っていました。

これではまずいということで、自動給茶機（無料）を置いたわけです。それでも、自動給茶機からお茶を運んでサービスするのは、やはり訪問してきた部品メーカーの方でした。従属関係は変わりませんでした。

部品メーカーの窓口となる購買部門はそういう意味で、パワハラの総本山のようになりやすい難しい部署でした。人事部は、とくに購買部門と社内の他の部門間で管理職の相互の人事異動を行う人材交流を行っていました。

それでもなかなか変わらなかったようです。筆者は、今の仕事をするようになって他の業界の方々とお付き合いするようになりました。ある業界では、自動車業界に比べてもっと強いパワハラ、ほとんど隷属に近い関係の業界があることを知りました。

企業間において、このような行き過ぎた上下関係や従属関係の問題点は何でしょうか。

絶え間ないパワハラは、積もっていくだけで解消しません。いざというとき、非常事態での協働や自発的な助け合いは起きなくなります。

たとえば、欧米の社会は何かあるとすぐに暴動や騒乱につながります。階層社会がその大きな要因と思われます。内部に大きなストレスを残した従属関係は表面にはあらわれなくても、何かあったとき、かねて積もったストレスが爆発します。

つまり、わが国の大きな特長となっている社会の安定を壊す方向にはたらいてしまう、問題点はこれに尽きるのではないでしょうか。

風通しがよくない関係では、すり合わせ技術を活用していくうえでも大きな障害になることはいうまでもありません。

見せかけの安心で、ほんものの安全をごまかしている

筆者は1989年にスペイン・バルセロナに1週間ほど出張したことがありました。それ以来、スペインが好きになりよく出かけています。わが国とくらべれば、何かとゆき届かないことを多く感じます。航空会社の受け付けカウンターなどは手際が悪く、スーツケースもよく迷子になります。

ゆき届かないことがいろいろ多い中にあって、意外なものは高速鉄道のハンマーです。

非常時に列車の窓を割って脱出する、そのためのハンマーがついていました（写真1－1）。日本の新幹線と異なり、窓が大きいのでここを割って車外に出ることができます。初めて見たときは違和感がありました。

その後、そのつもりで見ると、高速鉄道に限らずどこにもこれがついているのです。近郊電車、地下鉄、乗り合いバスなどすべての公共交通機関にはこのようなハンマーがついています。

写真1-1　スペイン高速鉄道のハンマー

筆者（津曲）が講師を務めている大学工学部の学生たちに、安全と安心というテーマでこの話をします。もっとも多い反応は、つけないほうがよいというものです。

理由は、ハンマーは凶器になるから危ない。では、非常時に脱出するために何もなくてよいのか、とかさねてたずねると、そうでもない。脱出の手段は、やはり必要とは感じているようです。しかし、ハンマーの第一印象は凶器であって、脱出の道具ではないのです。

バリアフリーなどもわが国に比べればまったくいき届いていません。にもかかわらず、ハンマーは必ずついている。何はなくてもついている、という感じです。ロシアやドイツ

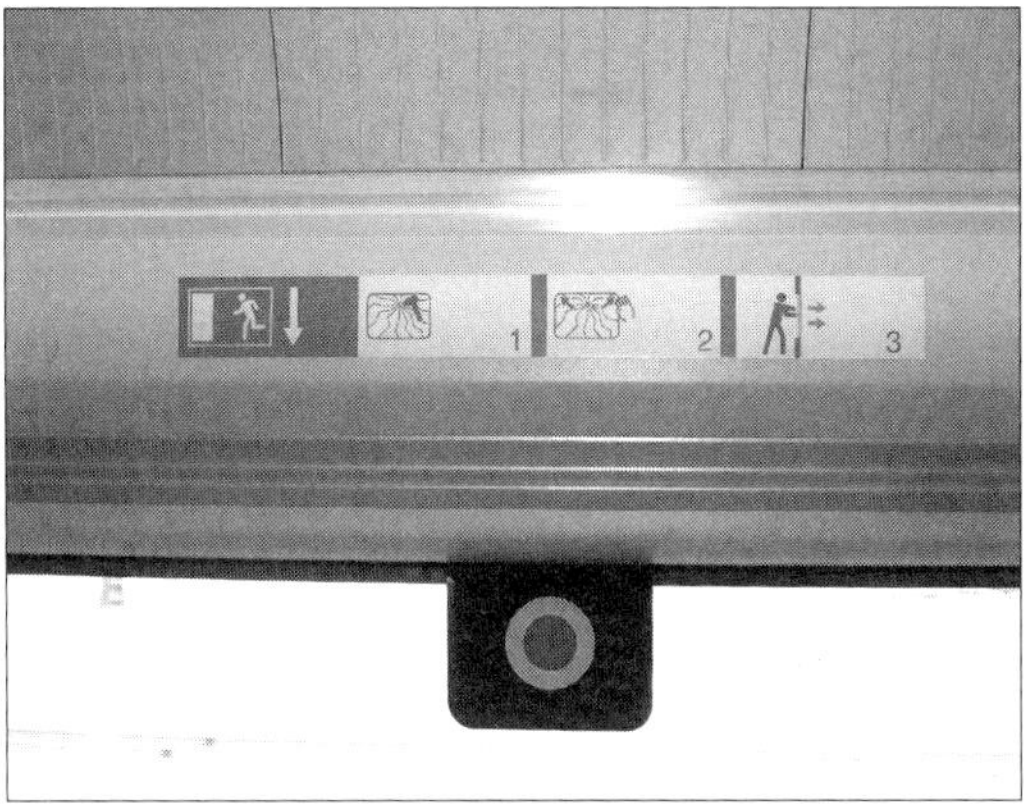

写真1-2　窓ガラスを割って脱出する手順

でも同様でした。

これを筆者は次のように理解しています。

いざというときは自分で脱出してください(写真1－2)。あなたを助ける誰かはいないと思ってください。ハンマーはこういうメッセージを発信しています。

確かに、車掌や運転士はあてにならないと思ったほうがよいのでしょう。船が沈没しそうになったとき、船長が乗客よりも真っ先に脱出した、という事件はけっこう起きています。

わが国はどうでしょう。車掌、運転士や船長などプロの職業意識はとても高いといってよいでしょう。海外諸国と異なり、あてにしてよい人たちです。

しかし、非常事態では彼ら自身が動きたくても動けないこともありえます。そのときは乗客自身が自ら行動しなくてはなりません。「ハンマー」は必要なものであり、それを備えておくのはサービス事業者の責務です。

日本の駅の案内放送では、「列車が入ってきます」「ホームには傾斜があります」などなど、乗客自身が注意すれば避けられるものばかりです。このようなサービスに乗客は安心感をもつのでしょう。しかし、その前に事業者がやるべきことは、ほんものの安全のはずです。乗客自身が注意しても避けられない状況で、被害が拡大しないようにする「ハンマー」の発想がぜひとも必要です。

単なる小さな事故ですむはずだったものが、安全の不備で副次的な被害が拡大する、これは事業者として絶対に避けなければなりません。非常事態の想定範囲がずれているのではないかと気がかりです。

通勤電車のそれぞれの出口ドアにあるべき非常用ドアコックを1箇所だけに減らしたり、ホームドアの非常時の開閉を手動式ではなく電動式のみにしたり、新幹線に非常用脱出口はなかったりなど、ほんものの安全にはなっていません。

話題が公共交通機関になりました。わが国のあらゆるところで、見せかけの安心ではなく、ほんものの安全を確保する発想を強くしていく必要があります。

3 見かけの効率とほんものの効率

直間比率という指標

直間比率とは設計部門でいうと、設計業務を直接に担当する人は全体のなかでどのくらいいるか、その比率です（以下、直接率といいます）。直接率は一般的に高いほうがよいとされていますので、間接的な仕事を担当する人は減らすことになります。
庶務係を廃止しました。すると、出張時の宿泊や交通機関の予約などは、すべて設計を担当する技術者本人がやることになりました。不慣れなことに時間を割かなければならなくなり、設計業務を直接に担当する時間は減ってしまいました。
別の事例です。電機関係で欧州認証の申請書類を作成するのも、設計を担当する技術者本人がやることになりました。不慣れなことなので、なかなか時間がかかり、手戻りも多くなりました。いぜんは、これに慣れた経験者が設計部門にいて、技術者は依頼するだけでした。

いずれのケースも、設計業務の効率は下がって、困ったことになったと思いますが、直接率という見かけの効率は上がったことでしょう。

このような場合、直接率のような効率指標を振り回すのは逆効果になります。むしろ、システムはその最も弱い部分（ボトルネック）の能力で制約される、という「制約の理論」をもとに、ボトルネックを解消する、という考え方をするほうが、よりわかりやすく、よい結果を生むことになるでしょう。

つまり、効率指標は絶対的なものではなく、つねに何かに支配されるものなのです。

効率性は従属する、の法則

「効率的な仕事をしなさい」、とは上司のことばとしてよく聞かれます。

しかし、仕事でたいせつなことは効率性ばかりではありません。

もっと大事なことは「効果性」です。これは「的をはずさない」ということです。

効果性とはいかにも聞きなれないことばですが、それだけ認知もされていない、ということです。


仕事には、何のためにやるのか、必ずその目的があります。その目的を達成するために手段があります。交通手段の比較で、運賃効率はタクシーよりも乗り合いバスのほうがすぐれています。

しかし、急ぐときや時間を節約したいときはタクシーのほうを選びます。このような場合は、目的のほうを優先して手段を選びます。つまり、効果性が上位になります。目的をおろそかにして、効率だけを追求しても意味がありません。結果として、価値の低い仕事になると、上司からは「気がきかない」と言われてしまいます。

品質を高めれば生産性も高まる

品質と生産性も、似たような関係にあります。生産性は品質に従属すると考えて、まずは品質を高めることを第一にします。

ヤマト運輸「宅急便」の開発ストーリーはよく知られています。一般消費者向けの小口少量輸送は、効率は明らかに悪かったが、埋もれていたニーズに対して品質を重視したサービスだったので大ヒットしました。現在では、宅配便という普通名詞でわが国の社会に必須のサービスとして定着しています。

これは次に、指定時間帯に届けるサービスとして進化することになりました。

時間を指定したほうが受けとるほうも届けるほうも、お互いに便利です。届けるほうとしては不在時に足をはこぶムダが省けます。指定時間に届けるという品質の良さが、同時に配送の生産性を良くすることにもなりました。これもすっかり当たり前として定着しました。

宅配便は海外ではどうなっているのでしょう。ドイツの郵便局で、日本では指定した時間帯に届けてくれるのでドイツのように一日中自宅で待つ必要がないと話したら、窓口の係りからそんなことができるはずがないと嘲笑された、というようなことが、川口マーン恵美さんの「サービスできないドイツ人、主張できない日本人」（草思社、２０１１年）という本に書いてありました。

１回届けて不在だったら、次は受取人が自分でとりに行かなければならないシステムを、供給者としては効率（生産性）がよいとしているのでしょう。しかし、我われ日本の消費者からみると、サービスの品質は劣悪、が言い過ぎなら、発展途上という感じがします。

ものやサービスの品質が社会のクオリティを決める

企業では社是や企業方針として、安全第一や品質第一はよく聞かれますが、効率第一はあまり聞きません。しかし、仕事では効率という単語は随所にでてきます。これらの対比にちぐはぐな感じがしますが、安全や品質はそれ自体で独自の価値をもっています。それに対して、効率は指標です。独自の意味はあるが、単独での価値はなく、何かとセットになって初めて価値が生まれるものです。

たとえば、英国政府がフランスを比較の対象として選び（人口がほぼ同じ）、競争力のある最適な産業に重点投資をしたいといった場合に、各国の労働生産性という指標は、それなりの意味があり価値もありそうです。

わが国を見ていて思うのですが、社会のクオリティとは、安定を維持していること、想定外の事態で安定が破られたとしても早期に復帰することができること、このことがもっとも大事なことではないかと思います。

すでに述べたことの繰り返しになりますが、労働組合のストライキで公共サービスがマヒすることもなければ、大きな災害があっても略奪や暴動がおこらない、ほとんどすべてのサービスが時間どおり、契約どおりにおこなわれています。

社会の安定の基本ともいえる失業率でいえば、主要先進7カ国の中でわが国はひとけた低いレベルにあります。社会のクオリティに段違いの差があるところで労働生産性を比べても、ほとんど意味がないことです。

4 わが国のものづくり、最強の武器は「すり合わせ技術」

わが国には素晴らしい資源が数多くあります。そのひとつがすり合わせの能力です。ここでは、すり合わせ能力の発展形としての「すり合わせ技術」を述べることにします。

発展形としての「すり合わせ技術」

すり合わせ技術は、従来のすり合わせ能力を発展させたものです。すり合わせ技術を使いこなすために大事なことがあります。

まずは、それぞれの**組織の機能がうまく働いている**ことが大前提となります。

つぎに、**こだわりのリーダーが核になる**ことが必要です。

そのうえで、**組織の風通しのよさ**が加わることによってはじめてすり合わせ技術を発揮することができます。たんにみんなで協力しましょうというレベルでできることではありません。

すり合わせ技術はわが国でなければできそうもないという特徴があります。

あとの第3章で述べますが、わが国以外ではやろうとしても格段に難しいことなのです。わが国だからこそできるのがすり合わせ技術なのです。

組織が機能している

すり合わせ技術は協働の技術です。異なる組織がそれぞれの役割を果たして、全体が共通の目標達成のために協力する、そのためには組織の機能がうまく働いていることが必要です。「リーダーはこうしろと言っているけど、私は私の目標でやっています」というようなことでは「組織が機能している」とは言えません。

こだわりのリーダーが核になる

共通の目標を達成するためには、やはりこだわりをもつ人が核としてそこにいないとうまくいきません。核となるリーダーが、的確な見解、執念といったものをもっていないと、すり合わせ技術の成果は得られません。核となるリーダーは、どの組織に属する人材かは問題ではありません。しかも、組織のどの階層の人材でも候補者です。

組織の風通しをよくする

組織の風通しをよくするためのひとつのやり方として、おみこし経営があります。

おみこし経営には、経営者がたんにおみこしにかつがれているというネガティブなイメージがありました。ここでいうおみこし経営はそうではありません。こだわりのリーダーたちに、そのもてる力量を発揮させ、うまく整合をはかることが経営者の役割になります。

いまそこにいる人材を育てる中から、こだわりのリーダーが生まれます。その人の素質を見きわめて任せる、失敗しても任せる度量が必要になります。そのような度量が風通しのよい組織を育てることになるはずです（図1－2　すり合わせ技術の条件）。

ここまで述べると、「理想論としてはわかるけどね」と反論されそうです。しかし、これをまともに話題にできるところが、まさにわが国の強みです。ちょっとでも

組織が機能している

こだわりのリーダーが核になる

組織の風通しをよくする

図1-2　すり合わせ技術の条件

失敗したら、その人の人生はそれで終わり、という国はざらにあります。というか、欧米をはじめとしてほとんどの国では「失敗しても任せる度量」など経営の話題のかけらにもなりません。これが経営のありたい姿のひとつとして語られることが、わが国の先進性をあらわしていると同時に社会の安定に大きく効いています。

すり合わせ技術は、すでにあるものの組み合わせです。目新しいことは何ひとつないといってよいでしょう。従来から我われの身近にあるものに、新しい意味や価値を見つけることによって得ることができるものばかりです。しかし、これらの必須条件のどれをとっても、深めたり継続したりする努力が欠かせません。

第2章

国際標準に振りまわされる日本

1 自分に都合のよいルールづくりが得意な欧米

わが国には「世界の孤児になる恐怖症」がいぜんとして残っているようです。国際規格、国際標準などといわれると、「うちは大丈夫か」と平静ではいられない感覚がいまだにあるようです。

筆者が勤めていたころのソニーのものづくりカルチャーを紹介します。電機業界では通産省（当時）が旗をふり、業界連合で新技術に関する規格策定プロジェクトをやることがありました。ソニーはこういう集まりにはいっさい参加しませんでした。

理由は「自由にやりたいから」です。官庁が旗をふると縛られることばかりがおおく、自由な活動ができない。そのような当時のソニーのカルチャーだったからこそ、新しい業界標準やデファクトスタンダード（事実上の標準）がソニーから次々と生まれました。怖いものを知らない、気負いもない自然な勢いでした。その後は、経営の方針転換もあり、ものづくり離れが進み、いまではこの勢いがなくなってしまったようです。

日産はソニーのような独自性をもつ企業ではありませんでしたが、技術の日産として業界ナンバー2を維持するため、その備えには配慮していました。ひとつは首都圏にある不動産の含み資産をもつこと、もうひとつは国交省およびメインバンクとの太いパイプでした。1990年代以降の苦境からゴーン改革を経て、日産はルノーとのアライアンス（提携）という合併でも買収でもない、まったく新しい経営スタイルに発展しました。

性格の異なる2つの企業を見て、いつの時代であっても技術へのこだわりや中長期的な視野などがカギとなっていたように感じます。

ＩＳＯ発足当時の美しい建て前

ＩＳＯ（国際標準化機構）発足当時の話を聞きました。

英国規格協会とドイツ・シーメンス社の技術者が２人で日本にやってきました。日本の主要なメーカーに、ＩＳＯの設立に日本も参加してくれるよう説得のための訪問でした。国際間取引のとき、各国での規格が異なっていては困る、統一した規格をつくりたい。趣旨は非常にけっこうなのです。

それでは日本としては何をやればよいのか、と質問しました。「日本の品質はきわめてすぐれている。これ以上何もやる必要はない。設立に参加してもらえばよい」、ということだったそうです。

うま味のある認証ビジネス

いよいよＩＳＯが発足し、日本企業からも英国規格協会での集まりに出かけました。ひととおりの説明があった後、質疑応答に移りました。そこでの質問は、企業が「認証」を獲得するためのコンサルタントビジネスに関することだけに集中していたそうです。ＩＳＯの趣旨はたいへんよいのですが、その裏側では認証制度を使って「新しいビジネスをつくる」という思わくが強く働いていたのです。

おカネの流れを追えば実体がわかる

「カネの流れを追跡すれば実体がわかる」と聞きましたが、どうも国際的に通用する原則のようです。規格認証や標準化を通じての認定や監査の活動そのものが、「おカネを生み出すうまい循環システム」になる仕組みづくりといえるでしょう。

認証制度をうま味のあるビジネスにした彼らの戦略は、さすがにしたたかでした。

2 戦略には都合のよいホンネがある

インダストリー4・0のきっかけ

ドイツのインダストリー4・0がずいぶん話題になりました。さすがにドイツの考える戦略だと脚光をあびました。しかし、これも自分に都合のよい、つまり自国に都合のよいホンネがあるだろうと思います。きっかけはドイツの技術力が落ちたことではないでしょうか。VWの排ガス不正事件がありました。これは、排ガス対策の技術力低下をはっきりと示しています。技術力を不正なことをしてでもカバーしようとしたわけです。

排ガス規制をクリアできなかったドイツ最大の自動車メーカー

日本の自動車メーカーはこういうことをしなくても規制をクリアしています。この排ガス事件のあと、国交省は販売中の各社のディーゼル乗用車を使って公道を走行し、排ガスの状況を調べました。

VWは日本ではディーゼル車を販売していませんが、対象となった各社のクルマはどれも問題ないレベルでした。なかでもマツダ車が素晴らしい成績だったこともわかりました。

自動車業界だけに限らず、ドイツから弱電メーカーは消えたなど、他にもドイツの技術力低下を示す例があります。

すけて見えるお家芸？の標準化戦略

ドイツとしては技術力の低下で稼げなくなるのは困る。

日本なら、技術力を向上させるためにどうすればよいか、対策は何か、と考えるところです。

ところが、ドイツは見切りをつける。技術力ではなくルール作りで勝負しようとする。得意な土俵（枠組み）をつくり、競争の優位性をえようとする。ＩｏＴ（モノのインターネット）で工場をつなぎ、企業間で情報を連携するシステムを独自に標準化してしまおう、とするもくろみがすけて見えます。わが国も無策のままだとこのもくろみにハマってしまい、危機をむかえる可能性があります。

3 欧米の発想は制覇、わが国は共存・共生

市場を制覇されると世界中が困る

企業間の競争で欧米の発想は、他者を「制覇」することにあります。勝者が総取り

するかたちです。

パソコンの基本ソフトはアップルのマッキントッシュ（マック）とマイクロソフトのウインドウズの戦いによってマイクロソフトが事実上の世界標準（デファクトスタンダード）になりました。1社独占になると、消費者には他の選択肢がないので、コストや使い勝手の面でたいへんな迷惑を受けます。市場の独占で消費者はもどかしい思いをすることを、Windows10への「無償切り替え」で知らされました。

そのやり方の強引さは批判されましたが、独占企業には何の影響もなかったようです。

対照的なわが国の共存・共生

わが国では、公共サービス分野を除けば独占企業は少なく、むしろ業界での過当競争が問題になるほど独占とはほど遠い状況です。結果的に、わが国は共存共生でやってきました。消費者としては選択肢があるのはしあわせなことですが、同時にマイナスもあります。

どの業界でも国際的な競争力という点からは、企業規模は重要といわれていますが、そればかりではありません。デファクトスタンダードを獲得すれば競争力を獲得できます。技術力と長期的な視野のもとに、デファクトスタンダードが生まれたソニーの事例を次に示します。

デファクト化に積極的だったソニー

一般的にいって、わが国はなかなかデファクトスタンダード化やルールづくりの活動がヘタといえます。

ノーベル賞など外部から評価されるものは、先進国のなかでもトップクラスを維持していますが、しかしみずから発信することは苦手です。

その中で、ソニーはデファクト化を積極的に進めた企業といえます。

放送ビジネスの分野で、新しいビデオフォーマットでA社から殴り込みをかけられたことがありました。社内ではこれをフォーマット戦争と呼んでいました。この話は、戦略に強くなるカギの一例として後で述べることにします。

これを受けて立ったのが技術部長でした。彼が率いる商品化チームが新技術の開発に奮闘をしている一方で、別のチームがフォーマットのデファクト化という活動を進めていました。このチームの上司は専務（のちの副社長）でした。専務はこの業界ではかなり有名な人でした。

フォーマット戦争中でもデファクト化を忘れなかった

専務は新フォーマットの商品化は技術部長に任せて、自らは数人のスタッフを使いデファクト化の活動を積極的に進めました。デファクト化を進めるには、ファミリーづくりが重要です。特に限定されたニッチのマーケットでは、顧客放送キー局のキーパーソンなどを、世界的に巻きこむ必要がありました。そのために専門のビジネスショー（NABショー、モントルーショー、国際放送機器展など）を使い、ユーザー団体や学会のキーパーソンなどにロビー活動を積極的におこないました。

あわせて、関係した学会で論文発表を行い、自社フォーマットの認知度を上げていきました。彼は自分のもっとも影響力を発揮できる分野で積極的に取りくんだわけです。筆者はその重要さを、あとになって気づくことができました。新フォーマットは市場に完全に受け入れられ、ハード（製品）の強さとともにフォーマットもデファクトスタンダードとして実現することになりました。

わが国が標準化・デファクト化に消極的な理由

日本のメーカーにはこういう活動は今でもあまり見られません。なぜでしょうか？筆者は、次のような理由があるように思えます。

まず、ビジネスにすぐには結びつかない。学会での論文発表やデファクト化への活動は、ビジネスとは一歩離れた関係にある、と認識されているのではないでしょうか。つまり、経営効率が悪い、ということでしょう。

他の理由は英文での論文発表です。とくに国際的に発表しなければならないからです。これは、ものづくりのエンジニアにはなかなかハードルが高いことです。

これらを乗りこえるには、経営トップの理解や熱意、強い意思が必要になります。当時のソニーには、技術へのこだわり、よりよいものを世界に広めるという社会的責任感、中長期の視野にもとづくビジネスへの洞察力、などがあったのだと思います。

コラム

シーマ誕生秘話

バブル絶頂期にあった1988年に発売された日産シーマは、当時の高額商品に対する旺盛な需要の象徴として「シーマ現象」と名づけられるほど話題になりました。

日産シーマは1988年に登場するや初めの1年間だけで3万台をこえる販売を記録しました。これまでのセドリックと同じプラットフォームを使いながらも3ナンバー専用の上級車として登場。V型6気筒 DOHC ターボを付け素晴らしい加速性能が評判でした。1986年頃からの高級車志向の高まりをうけて日産の開発陣は従来の5ナンバーの延長上ではない本格的3ナンバー枠で開発を進めていました。車体を幅広化させ国産車離れした流麗な外観とアクセルを踏むやリアが沈み込んで猛烈な加速を見せる動力性能の高さから、人気を集めました。

これについて面白い開発ストーリーがあります。商品企画を役員会に提案したときのことです。提案のしめくくりに、トヨタ自動車もこのような高級車を出すであろう、それよりも先に出したいとつけ加えました。ところが、この提案は意外な反応で却下されました。トヨタもやるだろうというだけでこちらも出すというのはいかがなものか。これには関係者一同びっくりしました。それまでの日産の商品企画は、トヨタがやっているからウチもやりたいといえば割合すんなり承認されていたからです。

しかし、開発リーダーは高級車セグメントへ新規参入するこの企画をあきらめきれず、およそ半年後に再度提案しました。今度は承認されました。

半年遅れで開発を続けることになりました。これが、世の中の高級車志向の高まりとうまくタイミングが合い爆発的な売れ行きになり、「シーマ現象」となりました。

提案を上層部に却下された
はぁ〜
「トヨタもやってる」って言ったか？
言ったさ！
それなのに却下とはめずらしいな
ちなみにどんな提案？
【お昼寝の時間を作りましょう】って提案
そりゃ却下するわ!!
トヨタ絶対やってないし

第3章

「すり合わせ技術」はニッポンの宝

～わが国にある独自の資源を活かす

1 天然資源はなくても技術大国になれたのは

わが国は、じつは資源大国です。

といっても、ここでの「資源」とはもちろん、石油、天然ガス、鉄鉱石、希少金属などの天然資源ではありません。それらのおおくをわが国は輸入にたよっています。ものづくり産業に必要なこれらの天然資源を、わが国はほとんど産出しません。天然資源については明らかに資源小国です。

「ヒト・モノ・カネ」にプラスして、時間・情報は経営資源といわれます。そこで「資源」をヒト・モノ・カネ・時間・情報から踏み込んで、空間、構造、状況、変化、ときには何もないことでも、何でも資源になると考えてみます。

わが国は「資源」大国

そのように考えると「天然資源がない」ということは、じつはおおきな「資源」に値します。何もないことが資源になる、このおかげで工場は最適な立地に建設できたし、有利な輸入先を選ぶこともできます。

工場の立地を考えてみます。産業のコメといわれる鉄鋼についていえば、原料の鉄鉱石や石炭はすべて輸入しています。

製鉄所はすべて臨海地区を選んで建設されました。原料の輸入にも完成品の鋼材を運ぶのにも、大型運搬船が使えてたいへん便利です。

輸入先についても同様です。石油や天然ガスは中東からの輸入がおおいのですが、その他にも供給する国がふえてきました。最近では隣国のロシアからの輸入がふえています。輸出国にしてみれば安定して買ってくれる国がなければ困るわけです。

「天然資源がない」ことはふつうには不利なことなのですが、このように資源がなければないことを前提にしていろいろな面で工夫でき、不利を克服することができます。別の見方をすればたいへん有利なことに転換できることもあるわけです。

敗戦からの復活

70年前、敗戦の焼け野原から出発した日本は、わずか19年後にアジアで初のオリンピック開催国となりました。そのとき、新幹線という高速鉄道のイノベーションも同時になしとげています。天然資源という観点からは日本はゼロにひとしく、アジアの他の国ではそれを豊富にもつ国もありましたが、日本のような成長はできませんでした。

わが国だけにある資源

他の国にはなく、わが国だけにある資源、それは日本だけを見ていると見えにくいかもしれません。海外に旅行すれば、はっきりとわかってきます。

階層意識が低く平等でオープンな社会構造、約束を守る、時間を守る、協調性にすぐれ、勤勉で誠実な国民性、黒か白か決着をつけずにあいまいさを許容する、職場で上司が部下を育成する気風、必ずしも儲けだけを追求するのでなく誰かの役に立ちたいという経営、リクツはともあれまずはやってみようという技術（実践）志向。

つまり、ものづくりにとってダントツになれる環境条件や文化があることがわかります。

技術大国日本の資源はヒトであり、ヒトを大切にする文化だと思います。

ヒトはカネでおき換えできる資源か

しかし、グローバリズムの拡大で、わが国の特長を発揮する環境や文化が崩れさろうとしています。グローバリズムの世界では、ヒトは代替できる資源のひとつにすぎません。

ヒトはカネでおき換えできるという考え方、これではわが国の資源はうもれたままになってしまいます。

ものづくりにおいてヒトというダントツの強みを失えば、天然資源をもたないわが国はたちまち貿易赤字国になってしまうでしょう。

日本人はバブル崩壊後の苦しい時代を経験して、日本そのものに自信をなくしているように見えます。

わが国の得意技はいぜんとしてものづくりにあります。わが国を資源大国にしてきたのはヒト、ここにこれからの日本の成長と発展のカギがあります。

2 いまそこにある資源を活かす

日産をとりあげます。1990年代後半、日産は業績が低迷していました。トヨタやホンダの業績は順調なのに日産だけが赤字で、過大な有利子負債をかかえて銀行に返済するキャッシュがない。返済資金をひねりだすため、銀座の本社ビルを売却したのもこのころでした。

外国人経営者の目にうつったこと

赤字経営が続くなかでルノーとの資本提携が成立し、1999年3月ゴーン氏が経営者として着任しました。

彼は、まずおおくの社員と対話しましたが、日産に欠けているいくつかのことに気づかされ、非常に驚きました。クルマの原価を把握していない、顧客の要望がわかっていない、社員が共有するビジョンがない、部門間の連携がない、危機意識がないでした。

社員にこのような大事なことが、ことごとく欠けていたとは思えませんが、外国からやってきた経営者の目にはこのようにうつりました。

ゴーンの発見した資源

彼は日産のあらゆる拠点、販売店、物流センター、生産工場、開発センターなどを巡回し、そこにいる従業員の声に耳を傾けました。ここで彼は「そこにある資源」を正しく発見し、活かすことになります。

彼の見つけたのは、「職場の改善活動」という資源でした。職場で自主的におこなう活動など、経営と労働組合が対立的関係にあるルノーでは全く見たことのないものだったのでしょう。

社員との対話のあと、部門を横断するプロジェクトチーム（CFT：Cross Functional Team）が立ちあげられることになりました。

従来の改善活動は単独の職場、つまり部門内に限定された自主的なものでした。したがって、おおくの活動の効果は限定的なものでした。

彼はこれを部門と部門を結び付けて横断的にするCFT活動に発展させました。このCFT活動を、関係する部門の人たちを集め、経営の改善に直結する活動にしたたのです。社員から集めた提案を精査し、これらにもとづき再生計画「日産リバイバルプラン」をつくり上げます。

コスト・カッターのしなかったこと

それまでのゴーン氏はコスト・カッターと呼ばれていました。コスト・カッターとは、文字どおりコストを大胆に削減する人です。会社再建のためには、容赦なく工場閉鎖や人員整理をする経営者だと思われていました。

ところが、日産の再建では工場閉鎖はしても、社員をやめさせることはしませんでした。ゴーン社長の再生計画を実行したのは、すべていままでの社員でした。労働組合とも積極的に話し合いをして、全面的な協力を得ることができました。社員が誇りにしている伝統ある野球部を廃止することもしませんでした。

いまそこにある資源を正しく発見し、そのポテンシャルが最大限に発揮されるよう社内環境を整えました。すべての資源（ヒト）を活性化させることにより、再生計画達成に全社あげて集中でき、業績のV字回復を実現したといえます。

経営が危機にあり、しかもそれを従業員がよく理解している、こういう状況はすべての企業につねにあるものではありません。しかし、会社が危機にあるという、そういう状況はむしろおおきな資源でした。なぜなら、もうそれだけで全社一丸となる気運ができ上がっているからです。

職場の改善活動は、わが国のものづくり企業であれば、ほとんどすべての企業に見られるありふれたものです。ありふれた資源を部門間のＣＦＴ活動に発展させ、全社的課題を達成しました。

いまそこにある資源を活かすことができれば、おおきな経営改善につながる、その好例が日産のＶ字回復ではないでしょうか。

3 ものづくり再興・活性化のカギは身近にある

ロシア日本センターの招請で、筆者たちは「カイゼン」講演のためロシアにたびたび出張しています。ロシアの主要都市で、企業経営者や管理職の方々を対象にセミナーを開催します。日本センターは外務省の支援するNPO組織で、わが国の文化やビジネスの広報活動をおこなっています。

ロシアの「カイゼン」

ロシアが官民あげて親日国というほどではないものの、ロシアの人たちはたいへんな日本びいきです。日本の製品だけでなく、日本のマネジメントにも信頼があり、「カイゼン」は特別な意味をもっています。わが国で「改善」といえば、製造現場の小集団活動をさすことがおおいのですが、ロシアでカイゼンというと優れた日本流マネジメントの代名詞のようでした。

セミナーの受講者は、ロシア企業の第一線で活躍している経営幹部や管理職で、2日間の講演とワークショップをこれまで延べ13の都市でおこないました。どの会場でも熱心な姿勢と数おおくの質問がありました（写真3－1クラスノダールでのセミナー風景）。

写真3-1　ロシアでのセミナー風景（クラスノダール）

よくある質問

どの会場でもよくある質問は、「活動推進役のリーダーをどう動機付けするか」です。日本では金銭的報酬と必ずしもリンクしていない、との我われの応えには不思議そうな感じで受けとめられました。活動推進役のリーダーという特別な訓練や努力が必要な役割には、相応の金銭的報酬が前提だという考えなのでしょう。OJT（仕事を通じて上司が部下を育てること）も理解しにくいようでした。

ものづくり企業でいえば、技術者が製造の現場に出かけないというのが常識のようでした。このことは、ロシアも欧米の企業でも一般的なようです。

筆者たちは日本の企業で技術者として長年にわたって勤務した経験をもっています。その経験からはとても不思議なことですが、この文化の違いはあらためて後で触れることにします。

カルチャーのきわだった違い

日本では技術者が製造現場に出かけて、そこで作業者と相談するのはとくにめずらしいことではありませんから、技術者の行動はわが国と欧米ではかなり異なるわけです。

ロシアで我われは「現場に行けばそこでしか得られないとびきりの情報がある」、「行けば技術者は必ず得する」などと伝えるのですが、反応はいまひとつです。

これまで述べたことは、欧米とわが国のきわだった違いだと思っています。

わが国ではよく見られる次のようなことです。

- 活動推進役のリーダーに選任されること自体が、動機付けになっている
- ＯＪＴはすたれつつある傾向はあるものの、上司の仕事と認識されている
- 技術者が製造現場に出かけて作業者と相談するのは、ごく自然なことである

これらはわが国では身近にある状況です。かしこく活かせば欧米企業とはおおきな差別化ができるはずです。

ものづくり再興・活性化のカギが、我われのごく身近にあるのに見すごされているとしたら、たいへんもったいないことになるのではないでしょうか。ロシア講演を体験しての率直な感想です。

4 自社技術を「すり合わせ技術」で効果的にみがく

他の国にはなくわが国だけにある資源のひとつに、「職場で上司が部下を育成する気風」があることを述べました。

仕事を通じて部下を育てることは、ご存じのようにOJT（On the Job Training）といわれています。これがあるのはたぶん日本だけではないかと思われます（海外でも日系企業ならあるでしょう）。OJTを正しく行うには、上司が部下に計画的、継続的、意識的に指導援助します。人事部門が長期的な人材育成の観点から、全社的な制度にしてキャリアを積むようにしている企業もあります。社内外への人事異動、社外に出向・転籍、留学などがその例です。設計を経験した後に、製造、販売、アフターサービスなどを経験させ、再び設計を担当するなど、キャリアを計画することもあります。

欧州や米国のような階層社会や競争社会では、上司が部下を育てる雰囲気はほとんどなさそうです。

ＯＪＴは日本の文化

日本の場合、ＯＪＴはそれをやるかやらないかを含めて、育てる上司にすべてまかされています。上司には何の報酬がなくてもＯＪＴがなりたっています。これは考えてみるととても不思議なことです。

ＯＪＴについては業務標準やマニュアルはありません。上司と部下の努力と工夫、お互いの個性でなりたっています。既製服を買うのではなく、自分にぴったりの服をオーダーメイドする顧客と仕立屋の関係と似ています。

「いまの社長をひとり前の仕事ができるように育てたのはオレだ」、と自慢する先輩がいます。先輩の自慢話はともかくとして、職場にOJTがあることがうかがえます。

OJTという文化が企業のあらゆるところで業務ノウハウを伝承し見えない資産をつくりあげている、この文化が日本独自の強みのひとつになっています。

品質トラブルはすり合わせ技術の出番

わが国では製造を中心に生産技術、設計、購買、品質管理などの関係者が集まって対策や対応を協議します。

どこの部署の責任か、という責任追及をすることもありますが、火事場のたとえ話で「火元はどこかを追及している場合ではない、いまはとなりの家への延焼をくい止めるのが先だ！」といったコメントがすぐにでてきて、各部署それぞれが一致協力することになります。このようなときは、ヨコのすり合わせ技術がみがかれていきます。

「なんだ、そんなこと当たり前ではないか」と思われるかもしれませんが、わが国では当たり前でも欧米ではどうもそうではないようです。

ヨーロッパやアメリカの工場に赴任した日本人技術者から、「技術者の役割と現場作業者の役割は、契約やマニュアルによって厳密に決められており、他者に口出しすることは許されないケースがおおくあります。それゆえに、それぞれが自分の担当範囲で対処することが求められている」、とはよく聞く話しです。

欧米ではすり合わせがむずかしい

お互いの仕事の役割分担と責任範囲を明らかにしてそこはしっかりやる、ということはよくわかります。しかし、そこにこだわりすぎるのもおおきなマイナスがありそうです。

わが国のレストランやファーストフードのお店では、忙しいときはマネジャーも配膳や片づけを手伝います。お客さまへのサービスが第一ですから、役割分担がどうなっているかはわが国ではあまり問題にならずフレキシブルに行動することがよいことだとされています。

自分の役割分担をこえて仕事をすると、「他人の仕事をうばうこと」になるかもしれない社会では、他人の仕事のやり方についての率直な意見交換さえもむずかしいことでしょう。

こういう環境がある欧米では、すり合わせ技術、つまり協働の技術はとても育ちにくいのではないでしょうか。

わが国の製造現場の改善活動では、ごくふつうの光景として、製造の意見が設計へフィードバックされています。

製造が設計の仕事に口出しできるのです。製造と設計の間にある壁はあったとしてもうすく、すり合わせ技術はいくらでもみがき上げることができます。絶え間なく改善を続ける必要があるものづくりにとって、恵まれた環境といえるのではないでしょうか。

5 業際領域のマネジメントに「すり合わせ技術」は欠かせない

1997年にトヨタが「プリウス」を世界初の量産ハイブリッド乗用車として発売しました。

自動車は発明されたときから今でも四輪を動かすという基本は変わりませんが、動力が内燃機関か電動機によるかの技術の違いはあります。

2つ以上の動力源（原動機）を持つハイブリッド車の実用化は、駆動用の二次電池や永久磁石などのデバイス技術が発達し、それらを自動車に応用する技術があって初めて商品化されました。

トヨタプリウスの成功

プリウスが発売されたとき、今のように世界の市場に幅広く普及するとは想像できなかったと思います。技術者たちはあきらめずに地道に努力をかさねてきた結果、ハイブリッド車の量産化時代をむかえることができました。

その努力の方向は、自分の専門分野における技術を追求することはもちろんですが、もっとも注目すべきことは自分の分野だけでは解決できないことをわかっていたことです。その助けを他の業界の技術者に求めたことです。

トヨタハイブリッド車の歴史的成功は、さまざまな業界にまたがる協働の活動に積極的であったことを示しています。

さまざまな業界をまたがるメンバーで共通の目標を追求する活動には、すり合わせ技術が欠かせません。システムや製品の規模が比較的小さくシンプルな規模であれば、企業内のすり合わせ技術だけですむでしょう。

しかし、現代の技術・製品・サービスはますます複雑化しており、企業内のすり合わせ技術だけではカバーしきれないほど全体システムが複雑化してきています。業界をまたがるヨコのすり合わせ技術、つまり業際領域のすり合わせ技術が必須となっています。

プロジェクトマネジメントとの違い

読者のなかにはここまで読んできて、「そういうときのためにプロジェクトマネジメント（PM）というやり方があるのではないか、すり合わせ技術にこだわるのはなぜか」と思われる方があるかもしれません。

PM、とくにわが国で普及している米国式PMではすり合わせ技術はとてもむずかしいと思います。本章ですでに述べましたが、

「…自分の役割分担をこえて仕事をすると、他人の仕事をうばうことになるかもしれない社会では、他人の仕事のやり方についての率直な意見交換さえもむずかしい」、つまり、風通しの悪い環境では協働の技術はとても育ちにくいということです。米

国式ＰＭではヒトは置きかえのできる資源、モノと同じ扱いです。ここにも、ヒトを大事にするわが国との決定的な違いがあります。

第4章

戦略に強くなるカギも「すり合わせ技術」にある

1 戦うと決めたことが戦略のすべてだった

我われ日本人の特徴として、細かい戦術には強いが、大局をみた戦略には弱い、といわれます。ミクロは丁寧で仕上がりも抜群によいが、マクロでどこかがぬけているということです。確かに思いあたることもいくつかあります。

大事なことは、うまくいったこともまずかったことも、その本質は何だったのかをおさえておき、うまくフィードバックしていくことではないでしょうか。

得意技であるすり合わせ技術を活かしながら、戦略に強くなるカギを紹介します。

戦うと決めたことが戦略のすべてだった

次は、ソニーでの体験事例です。

放送用システム商品開発の職場にいたときです。

それは一本の電話からはじまりました。10月のある日です。

「みなさん、至急、技術部長室の前に全員集合してください」

と、職場内のスピーカーにアナウンスがながれました。ほぼ全員の100名、設計作業台のある机の間に肩を寄せ合って立っています。

「さきほど、A社の役員から電話があった」

A社とソニーとは、いままで同盟関係にあった会社です。

来年3月、米国ラスベガスで開催される国際放送機器展（NABショー）に、A社独自の新フォーマットを発表する、と。いままでA社は、放送機器（業務用）のビデオフォーマットに、当社と共同開発した規格を採用していました。

この電話は、この規格からの離脱宣言だったのです。放送局のマーケットシェアはソニーがダントツ（90％以上）だったから、A社のシェアアップは大きな課題だったのでしょう。

この一本の電話によって、放送局用ビデオフォーマットの戦争がいきなり始まったのです。

来年3月、米国でショーが開催されるまで、残された時間は半年足らず。A社は新フォーマットの開発をしっかり整え、万端の準備が整ったところで連絡してきたはず。ソニーでも以前から次世代フォーマットへの開発をすすめており、すでに基礎技術は開発していたものの、バッグンの商品力、競争力をもった商品にするには、卓越したレベルにしなければなりません。

私たちエンジニアは、わずか半年後にそのレベルにするのは、とてもできないと思っていました。事実、それは部長もわかっていました。

「戦略」は「戦う」と決めた!

部長の声をはり上げた「非常事態宣言」の演説が続きます。

「このマーケットは絶対に明けわたさない、我われなら半年でできる!」

部長の決断はじつに明快でした。時間の不足は十分わかっている。しかし、挑戦されたことに一歩も引かず、「戦う」のだ、そこに集まった全員につたわりました。

「戦術」は緻密に、複数のフォーマット案を平行して開発

時間が足りないとき、開発期間を短縮するために、方式をひとつに絞りこみ、それに全労力を集中させて完成させる、ということはよくあることです。

しかし、このときはまったく違いました（A社は自信作を投入してくるはず、我われの技術力を見せつけてやりたい、負けるわけにはいかない。我われはダントツの技術を駆使して、他の追随を許さないバツグンのフォーマットを発表したい）。

この思いは、事業部全員がもつ強い自負心です。この分野を確立してきた事業部の意地もプライドもあります。いまや、そのエンジニアの魂にも火がついているのです。

まず、社内にある技術のすべてを結集する、そのための動きがスタートしました。中央研究所や他の事業部がもっているアイディアを調査して集め、その中から素性のよさそうなタネを吟味して、３つ４つに絞りこむ。

その一つひとつについて詳細な検討をします。現状に妥協せず、将来性のあるタネをみつけ、その中からベストチョイスをします。

全体のプロジェクトをすすめる上で見逃してはならないのは、技術的な問題だけでなく、商品化にともなうこと、広報・宣伝、業界標準化、重要顧客の巻込み作戦、協力会社との連携などです。

小さな複数のプロジェクトが動きはじめました。それぞれを平行させ、丁寧にそして緻密にすすめられていきました。

こうして、半年後の米国NABショーの当日、そこには事業部が総力をあげてできたデモ機（展示会用のもので商品化モデルではない）がありました。

どこでもリーダーが活躍

プロジェクトの全責任は部長です。彼のなみなみならぬ思いは、各チームのリーダーたちに自然につたわっています。そのためか、リーダーの判断すべきことは、各リーダーがきっぱり判断する、行動する。

こうしたリーダーの行動は、素早い動きとなり、どのチームでも発揮され、やがてメンバー自身も自分の状況を認識し、「小さなリーダー」となって仕事をすすめていきます。必要があれば、自分の判断で、組織を越えて出かけていきます。

若手も中堅も管理職も、いろいろな立場、階層で「どこでもリーダー」が存在する形となっていました。だれの指示や命令がなくても、自主的に動き回ることをしていたのです。いわゆる燃える集団になっていたのです。

無我夢中の半年間だったように思います。

NABショーに出したデモ機、その後に完成した新フォーマットの商品で、市場の優位性を維持することができました。同盟を離脱したA社も独自の新フォーマットでマーケットに参入しましたが、その後もソニーの業界首位の座をゆるがすことはできませんでした。

きびしい時間的な制約があるなかで、「戦う」と即座に決断したこと、これがフォーマット戦争の勝利を決めたことになったと思います。みんなにはっきりとわかる方向を示す、ということだったといえます。とはいえ、いくらトップが「こうする」、とひとりで決断したとしても、現場のやる気と実力がともなわなければ、期待したよい結果を出すことはむずかしかったでしょう。

社内の総力を結集したこの大プロジェクトは、気がついてみれば、「すり合わせ技術」が行われていたのです。

社内の組織をタテにもヨコにも横断して機能させ、協力会社もふくめてグループ企業の力を得ることができました。協力を依頼された人たちにとって時間的にも無理難題だったのですが、その仕事のもつ意味（A社からの宣戦布告をうけて立つ危機感）や価値（ダントツの技術でシェアをまもること）に納得できたので、率先して協力してもらえることになりました。

戦略が明確でそれをささえる戦術は緻密に進められた、いま振りかえると勝利のシナリオどおりだったといえます。

2 国際情勢をしっかりつかんだ日露戦争の負けない戦略

今度は、すこし大げさな話しになりますが、歴史的な事実を紹介します。

20世紀初頭は帝国主義の時代でした。世界は、英米独仏露などの列強による植民地支配というグローバリズムの嵐が吹きあれていました。植民地化されるか、独立をまもれるか、まさに瀬戸際の時代でした。

明治維新で開国を迫られたわが国は、嵐に巻き込まれながらも、懸命な努力と賢い選択で、植民地にされることなく近代国家として発展の進路へ舵をきることができました。


このような時代にわが国は二度の対外戦争を経験することになりました。

日清戦争（1894〜1895年、明治27〜28年）では勝利したものの、その10年後に起こった日露戦争（1904〜1905年）は、列強のひとつ大国ロシアとの戦いでした。

ロシアは日清戦争後の三国干渉などを経て、朝鮮半島への進出をあらわにしていました。ロシアの南下政策です。朝鮮半島は、当時の日本にとって安全保障上の緩衝地帯と考えられていました。ここにロシアの勢力が拡張することは、震えあがるほどの深刻な事態でした。

日露の外交交渉は暗礁にのりあげ、日本としては妥協の余地もなく、決裂するところまできていました。

外交交渉で解決できない以上、残る道は開戦しかないというところまで追いつめられていたのです。当時の帝政ロシアは、人口、財政、軍備などどれをとってもわが国とは比較にならない大国であり、日本が勝つはずがないというのが世界の常識でした。

これは日本政府もまったく同じ見解でしたが、戦争という手段をとる以上わが国としては勝つことはできなくても負けない戦略を追求することになりました。このあたりの情勢は、司馬遼太郎の「坂の上の雲」にリアルに描かれています。

負けない戦略は徹底していた。

外交交渉が思うように進まなくなり、もうすぐ開戦というときになってようやく、「負けない戦略」を考えても遅すぎます。そういう意味では日英同盟の締結（1902年）は、開戦の2年前、きわめて長期的な視野にたってなされました。

そのころの大英帝国は栄光ある孤立をまもっていて、どの国とも同盟関係をむすんでいませんでした。でも、日本が頭を下げて熱心に頼みこんだわけではありません。相手の事情をよく調べて、あの大英帝国にも泣きどころがあるのを見ぬいて、同盟をもちかけました。

それは、ロシアの膨張政策をくい止めたいが、ロシアは独仏と協調しており、大英帝国だけではもはや対抗できない、という事情がありました。

同盟の相手として日本は、列強にくらべれば駆け出しの新興国でしたが、同盟を結ぶのに必要なそれなりの軍事力は認められていた、ということも見のがせない事実でした。

日本としては大英帝国という当時ナンバーワンの超大国との軍事同盟により、「これで仮にロシアと戦うことになっても、勝てないまでも負けることはなくなった」、と日本政府の首脳は安堵したといわれています。

終戦と講和のシナリオを準備していた。

まず、ロシアとは国力の差がひとケタ違うという大前提を、日本政府はよくわかっていました。長期戦になると国力を消耗します。これは日本にとって非常に不利なことになります。

もともと国家の財政は厳しく、戦費は外債によって外国からの借金に頼らざるをえない状況でした。戦争が長引けば、兵器弾薬や食料が調達できないばかりか、将校や兵士などの補充もできなくなり、戦えなくなって自滅するという最悪の事態になります。

考えたことは、緒戦で目立つ戦果を出し、あたかも戦争全体を有利に進ませているという状況をつくる。それをテコにして講和にもちこみ、早期に戦争を終結させる、というシナリオをつくりました。実際に、戦争の初期ではほぼこのとおりにうまくいきました。

これだけであれば、とくに際立ったことではないにしても、特筆すべきは、終戦から講和にもちこむ調停役として米国を選び、そのための特使としてうってつけの人材を派遣していたことです。

米国もアジアでロシアの勢力が拡大することは望ましくないと思っていたから、ロシアが日本との戦争で国力を消耗することを米国は歓迎するはず、というのが日本政府の読みでした。

特使として派遣された金子堅太郎は司法大臣などを歴任しており、かつてハーバード大学留学時代に、のちに米国大統領となるセオドア・ルーズベルトと面識がありました。開戦後渡米し、大統領とつねに接触、戦争遂行を有利にすすめるための日本の広報外交を展開しました。
大統領は金子に対して好意的な対応だったそうですから、まさに日本政府の読みは的中したことになりました。開戦時に終戦を考えていた、的確な調停役として米国を選んでいたなどなど、（引き分けにもっていくとしても）負けないための周到な配慮がなされていました。

これは日本が「弱者」の立場をよくわきまえていたので、できたことではないでしょうか。
ロシアについていえば、弱小国の日本が、まさか開戦に踏みきるとは思ってもいなかったのです。強者としてありがちな傾向ですが、これがずっとつきまとい、ロシアはいたるところで思わぬ苦戦をすることになりました。このことは、ロシアの社会不安をいっそう拡大することになり、最終的に帝政ロシアが崩壊する大きなきっかけになりました。

負けないための作戦のひとつとして、諜報活動がありました。

スパイをおくりこんでの謀略活動を画策しました。もともと当時の帝政ロシアでは社会不安が増大していました。のちにおこるロシア革命、その火だねがくすぶっていたわけです。その状況をあおって、戦争どころではない状況にしようという意図でした。戦争は軍隊の衝突だけでなされるものではなく、相手の国力をへらすことができるほかのやり方を選んだわけです。国力の小さな日本が負けないためにとった作戦でした。

これが日露戦争を大きく動かしたとはいえないわけですが、こういうところまで負けないための工夫をしました。

日英同盟の締結、終戦のために米国へ調停役の依頼、ロシアへの諜報活動などを日本政府はさまざまな工夫をして緻密に実行しました。

小国が大国に対抗するとき、勝つことはできないにせよ負けないための戦略はあるという好例ではないでしょうか。

カリスマリーダーがいなくてもうまくいくオープン社会

日本は歴史をみてもカリスマリーダーはきわめて少ないようです（いても長くは続けられない）。

織田信長は典型的なカリスマリーダーといえます。基本的な方針はすべて自分で決めて、担当する武将に指示する。こういうシステムでは、指示されたことについてタテ方向のすり合わせ技術は必要だったかもしれませんが、武将どうしのヨコのすり合わせ技術は不要だったことでしょう。信長の政権は短命におわりました。

部下の意見はほとんど聞かずに、すべてを自分の考えで進めていくトップリーダーよりも、部下の意見をよく聞くタイプのほうが日本の組織ではなじむように思われます。

日露戦争当時の日本に、絶対的な権限をもつカリスマリーダーはいませんでした。政府や陸軍、海軍、経済界、マスコミなどの分野にはそれぞれすぐれたリーダーはいましたが、帝政ロシアのニコライ2世のように、国家全体に絶対的な権限をもつリーダーはいませんでした。陸軍と海軍のあいだにある壁もけっこう高くて、連携もよくなかった。

しかし、分野ごとのヨコのすり合わせ技術はうまくなかったとしても、国のおかれた状況や戦争の目的については、一致して共有できていました。だから、各分野でそれぞれに活動しても、日本全体では目的に対してみごとに調和していました。それでギリギリのところで、からくも負けずにすみました。

すり合わせ技術の重要ポイントは、目的や目標の共有です。

日本のような階層のないオープンな社会では、ここをおさえればあとは組織ごとに任せることで、現場の創意工夫をひきだすことができます。

このやり方のほうが望ましい結果につながります。

3 誰でもリーダーは務まる、そのカギは「たばねる力」

リーダーとは組織のトップに限らず、あらゆる階層に存在する、といえるでしょう。とくに現在のような変革期には、組織の階層や役職にかかわらずリーダーが必要になっています。

これを「どこでもリーダー」と名づけています。

このような話をすると「リーダーとマネジャーは何がちがうのか」という質問を、講演などでしばしば受けることがあります。これにはさまざまな定義があるようですが、最もすっきりといいあらわしていると感じるのは次の定義です。

リーダー

改革・変革する役割をもつ人。これまでのやり方そのものを、今まではガラリと変えてでも目的を達成する。既存のシステムをつぶしてでも、今までにない新しいことを実現するのに変革が必要、というときに求められるのがリーダー。目的や将来像について、熱い思いを語り、他者をも巻きこむ。役職に関係なく、あらゆる階層に存在する。

マネジャー

会社という組織、複雑なシステムをうまくまわす役割をもつ人。決められたことを決められたとおりに、きちんと最後までやりとおす。計画されたことを、ルールや手順にしたがって実行し、目標を達成する。想定外の事態でも、組織のミッションや自分の信念にもとづいて行動し、望ましい結果を出す。

リーダー	何かを改革・変革する人
マネジャー	組織をうまくまわす人
どこでもリーダー	職位や経験はなくてもリーダー

図4-1　リーダーとマネジャー

こうみると、リーダーとマネジャーの役割はかなり異なることがわかります。どちらが重要かは、時代やその組織の状況によってかわってきます。マネジャーは組織の階層にしたがって、部長や課長などの役職が決められますが、リーダーは階層や役職にとらわれる必要はないと考えています。

この人がいいなと思えば、学校を卒業して入社2〜3年目の若手社員に任せる、ということもあります。場合によっては、あえて新入社員を選ぶことがあるかもしれません。依頼主が何をやりたいかによって、適任者は変ってきます（図4−1）。

では、そういうリーダーに共通して求められることは何でしょうか。

この章で、ソニーの事例（フォーマット戦争）と日露戦争の事例をあげましたが、いずれも、何を最終的に目指しているか（ゴール）をはっきりさせることが、成功への道につながるということです。

ズバリ「たばねる力」

たばねる力を身につけるには、チームや個人のもてる力を引き出すための「サクセスマップ」が役だちます。次の第5章でも述べますが、ここでサクセスマップを紹介しておきます。

まず、あなたの熱い思いを文章にします。必要な活動の全体をストーリーにすると思いをつたえやすくなります。次に、そのストーリーを図にします。途中でどんなイベントがあるか、最終的なゴール（最終成果物）は何か、などをもりこみます。図に描くと全体像が見えてきます。関係者それぞれについて、各自の役割がわかるような出来ばえをめざします。

出来ばえのよいサクセスマップが完成すると、みんなが「これならできそうだ」と

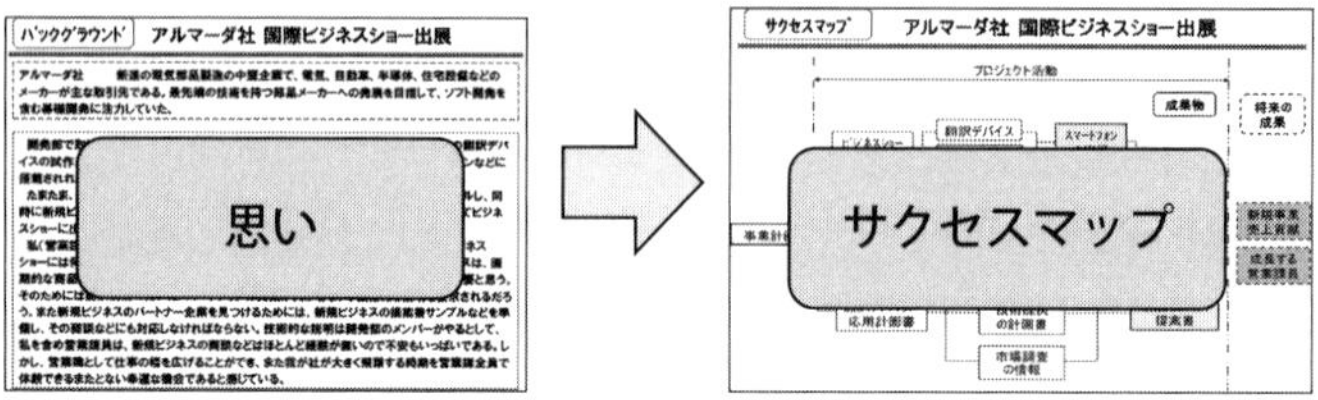

図4-2　思いをマップにする

納得がえられます。先が見通せると、誰しも元気がでます。そうなると各自に行動するスイッチがはいります。あなたの熱意からスタートして、それを見えるようにする、これがメンバーをたばねる力につながります（図4－2　思いをマップにする）。

もうひとつは「覚悟」

覚悟というと、少しかたい感じがします。仕事は人生のすべてではありませんが、人らしく生きるための背骨です。

仕事は雇い主の依頼にこたえることで、給料という対価をえます。ときには疑問をもつことや自分の気持ちにしっくりこないこともあります。立場上、自分の意に反することをしなければならないこともあります。

そのようなときに必要なことは、いざというときは責任をとる、という覚悟です。覚悟は責任感の延長上にあります。「腹をくくる」という言い方もあります。いずれにせよ、覚悟がなければ、他者を動かすことはできません。

学校を卒業して入社2~3年目の若手社員のあなたが、リーダーを務めることになったとします。メンバーはすべて年上の先輩たちです。これからの時代は、こういう状況で、「どこでもリーダー」、がどんどん必要になってきます。

サクセスマップであなたの熱い思いをつたえ、ゴールまでの全体像を見えるようにすること、任された仕事についての覚悟、これらがあれば、メンバーは尊敬をもってリーダーのあなたをささえてくれます。

4 おみこし経営と「すり合わせ技術」は相性がよい

かつて、ソニーの副社長だった盛田昭夫氏は、社内の定例講演会で、日本的経営とは「おみこし経営」、という話しをしました。おおよそ、次のような話でした。

日本のお祭りではおみこし

日本の祭りは、おみこしを町内の人たちがかつぐ。みんなで「わっしょい、わっしょい」と声をかけ、町中をねり歩く。みこしは、道のまん中を一直線に進むことはなく、道幅いっぱいにあっちに動き、こっちに動き、ジグザグにねり歩く。それ自体を楽しんでいるのだ。

しかし、かつぎ手はどの道を通って、どこへ行くか、ハッキリとわかっているから途中でどんなことがあっても、最後には必ず目的地に行きつく。

おみこしの先頭には、かじ取り役がおり、またその前には、必ず先頭でリーダー（年長者）がウチワを手に指揮をとり、景気づけをする。でも、ほとんど指揮らしい指揮をとることもない。それでもおみこしは進む。みんなはお祭りを楽しんでおり、それ自体に活力がある。

考えてみれば、これは、スタートしてから目的地に行きつくまでの行動は、非常に効率の悪い方法ではある。

どうも日本人の経営者はどこもこのような経営をしているように思う。つまり、経営者が最終的な目標や方針を示すと、あとは社員に任せる。

かつぎ手の社員は、ああでもない、こうでもないと試行錯誤しながら、ジグザグであっても着実に前に進む。効率は悪いかもしれないが、必ず目的を達成してくれる。みんなで力を合わせることも心得ている。

だから、経営者がいちいちこまかいことまで口をださなくても、社員が一丸となって協力することを心得ている。

社員は、部下は上司に対しても遠慮なく口に泡をとばして、ケンケンゴウゴウの議論をする。はたからはまるでケンカをしているように見えることもあるが、目的をひとつにしているから、なんのあとくされもない。

欧米のお祭りでは行進

ところが、欧米ではお祭り（フェスティバル）は行進。整然と道路を歩く。パレードなどで踊ってはいるものの、全体では整然と踊りながらの行進。

同じように、欧米の経営もそうである。

経営者は方針を示すことはもちろんだが、実行の方法までしっかり部下に指示しなければならない。おかげで、指示したことはそのとおりに実行してくれる。ムダなことはいっさいやらないから効率はよい。

だが、経営者が一歩間違えば、社員は突っ走るだけだから、途中で状況が変わっても、経営者がいちいち修整を指示しない限り、最後まで突っ走ってしまう。

どちらがいいか、それぞれのやり方があるとは思うが、日本の経営の方が、結果は間違いが少ない、経営者も社員に任せられる、新たな目的（商品）を考えることができる、これらを長い目でみると効率がよいといえるのではないだろうか。

以上が、当時副社長の盛田昭夫氏の話しだったと記憶しています。

タテとヨコのすり合わせ技術が、じっさいに社内でさかんだったころを物語っています。

盛田氏は世界中の著名人と面識があり、この話しをしたときの背景には、米国の経営学者ドラッカー氏とは懇意にしており、しばしば会って話す機会があり、欧米の経営スタイルを聞くにつけ、日本的経営の特徴を「おみこし経営」だと感じていたようです。

いまの時代になって、日本の経営者も「おみこし経営」の感覚はなくなり、欧米的な「効率化」一辺倒の経営に移行しているように感じられます。

これからの日本の経営スタイルを考えるとき、効率のよさだけを追い求めるより、お祭りそのものを楽しむ「おみこし経営」のスタイルは、大いに参考にできると思っています。

ずっとおみこし経営でやってきたが
カーニバル的なお祭り要素を取り入れようと考えている
社長それ凄く良いと思います！
うむ
だが問題があってな
カーニバルとはどういうものか、実際のところ分かっていないのだ
つまり・・・
実際に一度カーニバルを見学した方が良さそうだ！
リオのカーニバルは何月かな～♪
おっ♪ヨーロッパでもあるんだ
旅行したいだけじゃないですよね？

5 戦略よりも戦術にかたよる日本

スケジュールが間に合わない

プロジェクトマネジメントの研修や実際のプロジェクトの現場支援などで講師をしていると、もっとも多くある相談は、「納品スケジュールが客先指示日に間に合わない、とても無理」という、さし迫った問題です。

これを「逆線表の誤り」と呼んでいます。つまり、顧客の指定した納期に無理して合わせて立案したスケジュールが、実行段階で破たんして間に合わない、という問題です。

ハウツウよりもホワットを

このような場面では「どうやったら計画したスケジュールが短縮できるか、そのやり方（ハウツウ）を教えてください」、という質問者の最大の関心事は、ハウツウなのです。

筆者の回答は、「計画したスケジュールの短縮にこだわらないで解決しませんか」、という提案です。スケジュール短縮を検討するのは、考える方向が内向きになっています。内向きにがんばるまえに、この方向を外向きにしてみる。つまり、方向転換です。

顧客の指示（ホワット）についてあらためて検討する提案です。ホワットを考えるとビジネスの視野をひろげることにもつながります。

「まずは客先指示の背景をたずねてみましょう」というところからはじめます。

1週間ほどなら納品を延期してもかまわない、全量一度に納品しなくてもよい、主要な構成品だけまず欲しい、とりあえずはレンタル機器で間に合わせてもよい、などの選択肢がみえてきます。

客先の指示は、納期も含めて必ずしも購入の目的とぴったり同じとは限りません。客先の目的はどこにあって、当初の指示はどのくらいの幅が許されるのか、目的にもどって検討することをアドバイスしています。

ハウツウの前にホワットを調べることになりますが、これができれば「とても無理」という問題をうんと減らすことができます。

同じものを、従来の半分の時間で納品できれば、効率は倍になります。しかし、効率を上げるまえにもっと大事なことがあります。

それは、目指している成果物は、依頼主の目的にぴったり合っているのかということです。目的にぴったり合っていることは、効率性の問題ではなく効果性の問題です。効果性とは耳なれない言葉です。つまり、ビジネスの現場ではほとんど無視されているので聞いたことがないのです。

わが国のビジネスの現場では、ホワットよりもハウツウに大きくかたよっていることがわかります。

効果は効率に勝る、という法則

効率よく物事をすすめたとしても、効果のないことをやりとげたとしても、やったことはすべてムダになります。効率をいうまでもないのです。ですから、効果のあることをするのが先決です。これを効果は効率に勝るといっています。

ところが、日常の仕事でも、効率ばかりがいわれたり、いったりすることがあります。もし、上司から頼まれたことを、その効果が何かを理解しないで、ただ「頼まれたから」というだけで、引き受けてしまうことは、たいへん危険であることがわかるでしょう。

つまり、効率は効果よりも下位の概念です。効果のないことについて効率は測りようがありません。どんな仕事でも、的ハズレでないこと、目的に的中させることをまず追求することが大切です。

的ハズレの仕事では、いくら汗をながして努力しても、誰の役にもたちません。むしろ、効果のあることであれば、すこしぐらい効率よくできなくても、どちらが勝つか、結果ははっきりしています。

効果のあることを効率よく実行する、この前提があってはじめて効率が成り立っています。このことを忘れてはなりません。

戦略は戦術に優先する

戦術と戦略についても同じようなことがいえます。戦略を決めないと、どういう戦術をとればよいか誰にもわからない。

さきに示したフォーマット戦争の事例でいえば、「戦う（受けて立つ）」という戦略をまず決めました。そうすると、戦って勝つためには、残された時間が切迫しているギリギリの状況であっても、どういうことをやればよいか（戦術）を集中して検討することができました。

この場合、順序が逆だったらどうでしょう？

「A社が、わが社との同盟を離脱して独自のフォーマットを発表すると言ってきた」、「わが社の準備ができるようなら、受けて立とうじゃないか」。

これでは戦略不在です。通常なら2～3年かかる新フォーマットの開発を6ヶ月でやること（戦術）など、誰もまともに検討しなかったでしょう。

この場合、戦略は方針と同じです。方針をまず決めたので、時間制約のあるなかで集中した活動ができました。かねてから「方針を明快にすること」を戦略のひとつとして意識していないとタイムリーな行動に結びつきません。

負けない戦略は世界観から

日露戦争当時の比較で、日本にくらべれば帝政ロシアの国力は、ひとケタ上まわっていました。まともにいったら絶対に勝てる相手ではありませんでした。

そこで「負けない戦略」にもとづいて作戦をたてた。とにかく国庫にカネがない。長期戦になって時間がかかり過ぎると、カネが底をついて自滅する。それがよくわかっていたので、終戦から講和にもちこむタイミングと、依頼する調停国とを決めてから開戦しています。

このとき活躍した人たちは、ほとんどが幕末生れです。多くの海外経験があるわけでもないのに世界の情勢をよくつかんでいました。練りに練った戦略の根本には、すぐれた世界観があったと思います。

仕事で視野をひろげる

同じ仕事だと、効率を上げることに眼がいくのは当然ですが、視点を変えて別の角度からながめてみることも欠かせません。とくに現在はＩＣＴ（情報通信技術）が急速に発展しています。

今までみがいてきたハウツウ（どうやるか）が、あっという間に誰にでもできることになる時代です。クルマの自動運転が普及すると、運転スキルの優劣はあまり問題とされなくなります。

つまり、ハウツウはどんどん簡単になるといってよいでしょう。それとは反対に、ホワット（何をやるか）をよく調べたり、発見したりすることが大切になる、そんな角度から仕事をながめると視野がひろがります。

技術者の皆さんは、日常的にさまざまな技法を使って仕事をされています。その技法の背景には、必ずその思想（考え方）があります。思想と技法の関係も、戦略と戦術の関係とよく似ています。次の節で述べることにします。

6 技法はその思想を学ぶと戦略に通じる

繰り返しますが、技術者の使うさまざまな技法には、必ずその背景に思想がありります。思想を学ぶと戦略的な考え方につながります。話題として、ＴＲＩＺ（トリーズ）と品質工学（タグチメソッド）をとりあげます。

問題解決を効果的にすすめる技法

ＴＲＩＺ（トリーズ）は、旧ソ連海軍の特許審査官であったアルトシューラがつくり上げた、発明問題に関する思考の体系です。わが国には１９９６年に紹介されました。アイディア発想の技法としてマスコミにも盛んに取り上げられ、多くの書籍も出版されました。

普及広報と高度な活用を目的に、日本ＴＲＩＺ協会が発足し、同協会主催のシンポジウムは毎年開催されています。ＴＲＩＺは、わが国の技術者の世界に広まりつつあるところです。

ＴＲＩＺは思考のプロセスを与えてくれます。技術的な問題を解決するとき、どういうプロセスで考えていくのが最も効果的であるかを体系化したものです。このもとになったのが世界中の優れた特許でした。

優れた特許の分析から問題をいくつかにパターン化し、技術者が試行錯誤やムダな思いつきで時間を浪費しないよう、正しい道すじを体系化したものです。

従って、問題解決やアイディア発想のための時間を短縮できる技法になります。技術者は必ず技術的な問題の解決を迫られますから、ＴＲＩＺは技術者にとって仕事を効率化する技法となります。

ＴＲＩＺにある独自の思想

今のところ、わが国でのＴＲＩＺはアイディア発想の技法として普及しています。アイディア発想の技法としてだけではなく、ＴＲＩＺはその思想にもっと着目すべきと考えます。

独自の用語を使ってつくり上げるＴＲＩＺの世界は、ものづくりにぴったりです。独自の用語は、その意味を知っておくだけで、視野や考え方の幅が広がり、効果的な仕事につながります。

ここで特長的なＴＲＩＺの用語を、いくつか紹介しておきます。

- 理想性……究極の理想から出発する思考は、現状を改善するアプローチでは実現できない、飛躍的な進歩のきっかけを与えてくれます。
- 進化の法則……世の中で起こる変化は、同じようなことがくり返されます。その法則性を利用すれば、将来形がイメージしやすくなります。
- 資源……ヒト・モノ・カネ（経営資源）に限らず、時間、情報、エネルギー、空間、構造、状況、変化、ときには何もないことでも、何でも資源になります。第3章で話題にした「資源」はこの意味で使っています。

紹介した用語のうち理想性について事例で説明します。

技術や製品は、理想性のレベルが向上する方向に進化する、ＴＲＩＺではこう考えます。

テレビは白黒からカラーへ、ブラウン管から液晶、アナログからデジタルに変わって薄く軽量にもなり、大画面でも高品質、きれいな映像になりました。テレビという製品は、画像や音の再現性の理想レベルを実現する、そういう方向に進化していきます。

問題を解決するとき、新製品のアイディアを考えるとき、理想性のレベルが向上するという思想は、視野をひろげ、技術者の素養として蓄積されます。

理想性の究極は、テレビを例にすれば、テレビという製品がまったく存在せずに映像が映しだされることです。つまり、コストはゼロで必要な機能が得られることです。

ドラえもんの「どこでもドア」は移動について、理想性の究極ですね。

クローズドタスクとオープンタスク

ロシアのTRIZ専門家たちは、学校教育の改革にもTRIZを使っています。テーマのひとつが「クローズドタスクとオープンタスク」です。これは学校教育に限らずわが国のものづくりにも大いに参考になります。

クローズドタスクとは、すでに解決策（正解）がある問題です。つまり、正確な条件、確立された解決法、ただひとつの正解がセットになって用意されています。既に知られた正解がありますから、誰でもベストの案を判断できます。試験問題にたとえれば、三択問題や四択問題です。白か黒かはっきり割りきれるので、誰にでも採点できる問題です。

オープンタスクは、解決策がまだどこにもない問題です。どういう前提条件で考えればよいか、どのような解決方法があるのかさえ、さっぱりわからないこともあります。

正解が何なのか、そもそも正解があるのかもわからない。三択問題や四択問題などのクローズドタスク中心の学校教育を受けた私たちは、ビジネスの現場にも、ただひとつの正解を求める傾向が避けられません。

現場でおこる問題の解決策はつねに灰色の世界にあります。白か黒かはっきり割りきれません。

ものづくりで世界のトップランナーを目指すなら、解決策は自らつくっていくしかありません。そもそも解決策が存在しないのかもしれない。何か困っていることがあるから「問題」になっている、しかし解決策がない。それなら問題を別のかたちに変換して、灰色の解決策を求めてよい。

オープンタスクは当たり前の常識として、仕事の進め方に定着させる必要があります。

品質工学（タグチメソッド）は多忙な技術者のためにある

市場での製品の不具合やトラブルは、最近の大型リコールにみられるように、その大部分が開発設計段階に起因するものです。

開発設計段階での評価モレや、想定外の条件をすべてクリアするには、膨大な時間とコストがかかります。したがって、技術者はいつも落ちつける時間がなく、多忙な環境にあります。このような技術者のために、品質工学は時間や労力を最小限にできる救世主的な技法と位置づけてよいでしょう。

ここですこしだけ、品質工学の魅力に触れてみたいと思います。

品質を測るな、機能を測れ

結果としての品質指標で判断してはいけない、結果にいたるプロセスや考え方で判断しなさい、といわれています。工業製品は、最終的には市場で使われる品質指標が重要になるのは当然です。

教育の分野では偏差値が、便利な指標としてひろく普及しています。タグチメソッドでいえば、偏差値は品質指標に相当します。

児童・生徒にはそれぞれに異なる性質（個性）があります。好奇心、粘り強さ、優しさ、思いやり、集中力、などなど。将来への可能性として大器晩成ということもあります。これらを児童・生徒の機能とみなすと、「偏差値を測るな、個性を測れ」となるのではないでしょうか。

タグチメソッドのこの原則は、教育だけでなく他のさまざまな分野でも適用できます。便利な指標には、本来の目的と、適用できる範囲があるはずです。それを忘れて、万能の指標のようにひとり歩きしはじめると、害があります。指標の根本にある本質を忘れない、これは技術者の戦略的なものの考え方を育てます。

社会全体の利益を追求する

タグチメソッドには社会全体の総コストを低減する、という思想があります（損失関数と呼ばれています）。

科学者と技術者とは役割が違います。科学者の役割は自然現象を解明することですが、技術者の場合は自然界にない人工物をつくり出すことです。つくり出された人工物は、便利な反面、社会に及ぼすマイナスの影響が避けられません。

供給者がコストを低くおさえ過ぎると、市場で問題をおこして、社会の負担するコストが大きくなります。逆にコストを必要以上にかけ過ぎると、供給者の不利益になります。コストを価格に転嫁すれば、社会の負担するコストがふえます。

供給者と社会、それぞれが負担するコストがバランスよくおさまる点、それを目指してマネジメントする。技術開発により、社会全体の総コストをより低くおさえていく、これがタグチメソッドの目的となります。

社会全体の利益という思想を、数字で表現できるようにしたので、技術者にとって明快なメッセージになりました。技術者が社会的使命を達成するための優れたガイドにもなっています。これらは、製品開発での戦略的差別化に、大きく役立つことになるでしょう。

くり返しになりますが、すぐれた技法には、必ずその背景に独自の思想があります。

手法や技法を習得するだけでなく、その背景にある思想も同時に学ぶことが必要です。戦略には目的や方針を明らかにすることが欠かせないので、その思想は技術者の戦略的なものの考え方を育てることに役立ちます。

第5章

チーム力をみがくための技術者の役割

1 技術の寿命とビジネスの寿命

この章では、技術者人生をどう生きていくか、について触れてみたいと思います。組織のなかで、技術者が成長するにしたがい、その役割がどう変っていくか、部下育成のあり方や所属組織への貢献、社会との関わりなどについてです。組織やチームが成長することと同時進行で、あなた自身の技術者人生を豊かで実りあるものにする、そのためのガイドとして役だつことを願っています。

技術には寿命がある

技術的な商品ビジネスをながめてみると、つねに成長・発展していることがわかります。まず、技術そのものが、創生期→成長期→成熟期→衰退期の道をたどります。

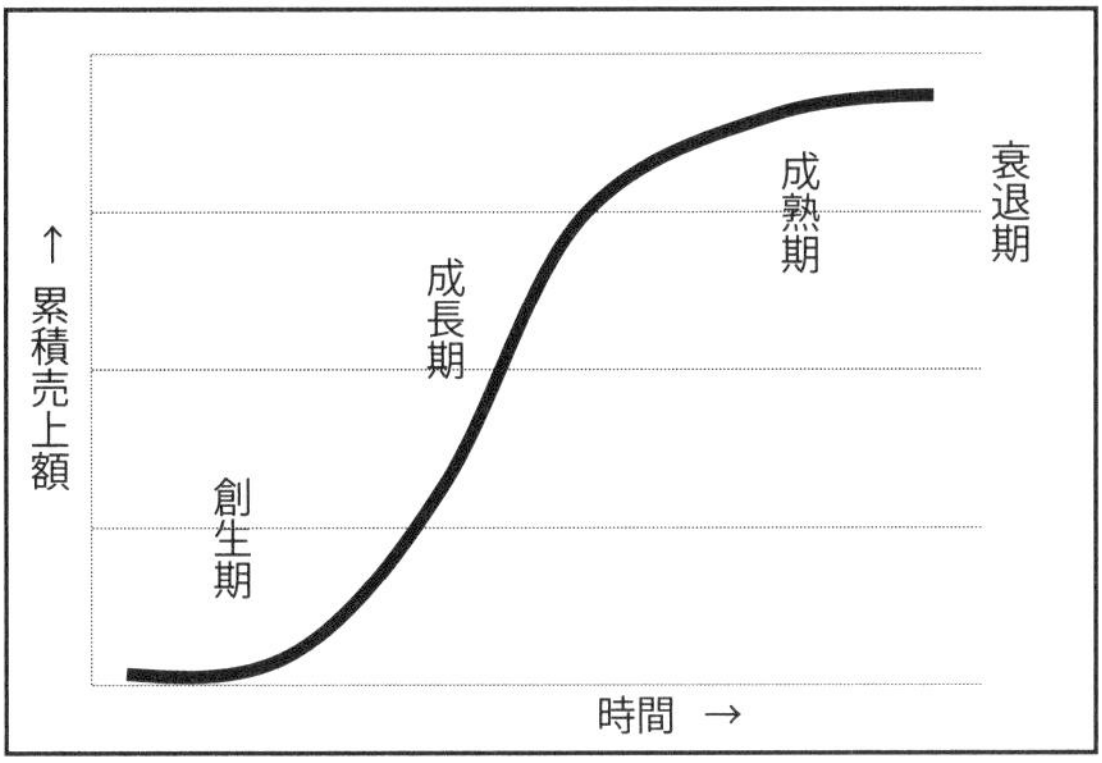

図5-1　技術の寿命

技術が成長期にあるのなら、いろいろな試みができると同時に、競争も激しくなります。

衰退期の技術であれば、技術そのものはほとんど進歩しないにしても、うまく活用すればビジネスとしての成功につなげることができます（図5－1参照）。

次に、技術に基づくビジネスはつねに成長し、別のものへと発展します。

ビジネスそのものは創生したときの基本技術（コア技術）でかせいでいますが、まだかせげているうちに、次の新規技術を育てておかなければなりません。コア技術の寿命はあとどのくらいあるのか、どのくらいもたせる

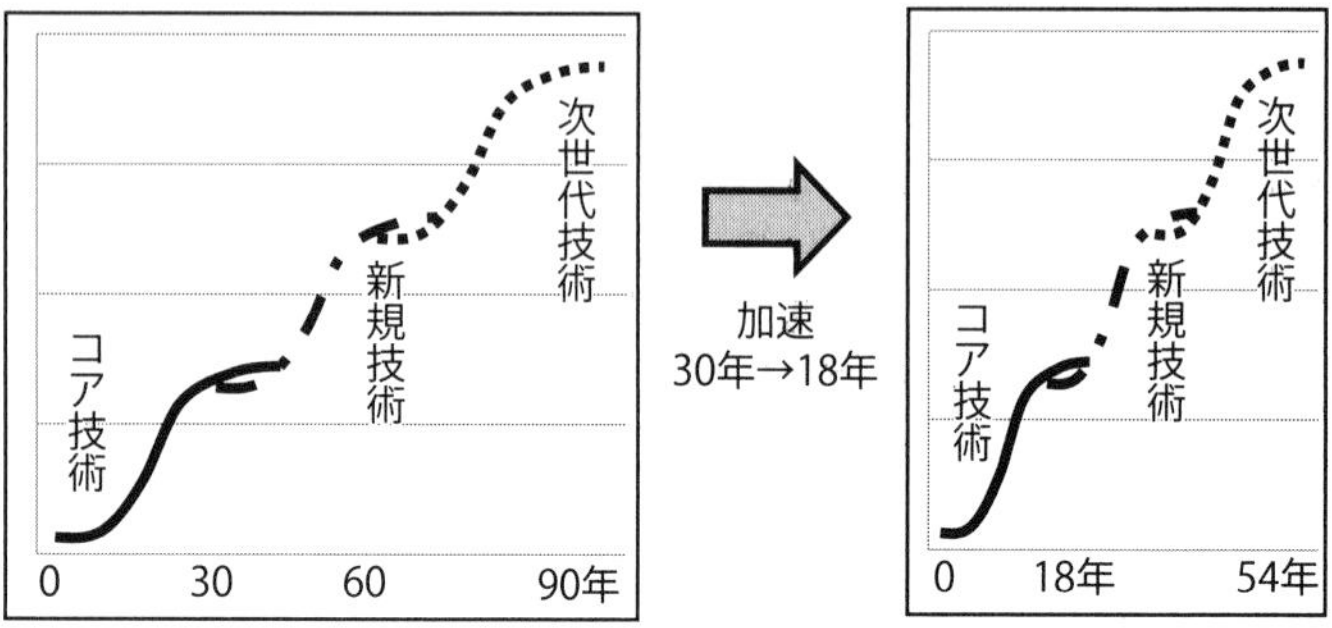

図5-2　商品の世代交代

ことができるのか、これらを予測することも技術者のだいじな仕事です。

世の中の技術動向と、自分の関係するビジネス分野の動向について、技術者としてはつねに把握しておく必要があります（図５－２参照）。

日経ビジネス誌（２０１３年11月）の調査によると、企業の寿命（「技術の寿命」ともいえる）は30年から18年と短くなっているということです。

商品寿命の短命化は、技術革新が短期間で起きていることをあらわしています。つまり、次世代新技術への移行は、技術進歩にともなって、年々そのスピードはアップしています。あなたが現役の技術者の間に、技術革新にともなってビジネスモデルに変革が起きるのは、もはや一度や二度ではないのです。

技術者の旬（しゅん）

技術者には「旬（しゅん）」があります。技術者としての「花の時期」はあるものの、そのままでは、やがて盛りは過ぎてしまいます。現役時代に身につけた固有技術で、第一線級として通用するのは、10年から15年程度だと自覚しておく必要があります。

世代交代をつづける技術分野で、つねに新技術を体得し、一線級の技術者として活躍しつづけることは、きわめて難しくなりました。ただし、足の長い基礎研究の領域では事情が異なりますが、技術者が活躍できるのは、限られた期間ということです。

それでは、技術者はどのような段階を経て成長していくのでしょうか、次のように考えてみました。

2 技術者が成長する4つのステージ

技術者はいつも忙しく、ほとんどの人は目の前の業務に忙殺されています。できれば、将来の自分の技術者像をえがきたい、技術の全体観をもったり、他の技術分野と専門分野との関係に思いをめぐらしたりもしたい。ちらっとそういう瞬間があっても、なかなか思うとおりには考えられない。しかし、技術者として将来像を見失わないよう、イメージ形成をしてほしいものです。

一方、経営者は技術者を育てる責務をもっています。会社の未来商品とその技術の指向性、方向性を考えていますから、ある意味では技術者の将来像については、考えやすい立場にあります。

技術者は、次のようにいくつかのステージをたどって成長します。

企業に入社してから退職するまでの現役時代、その後も、自分らしい人生をおくる

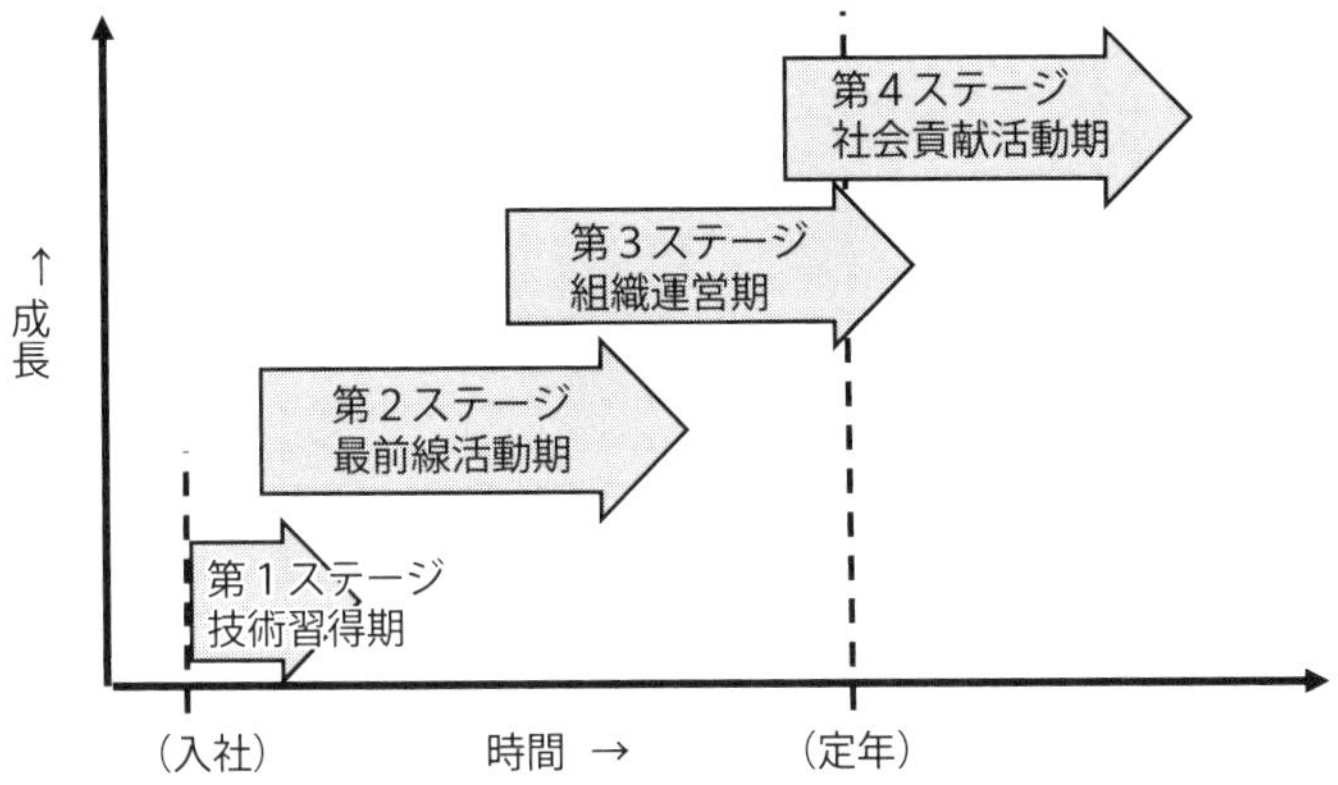

図5-3　技術者の成長ステージ（イメージ）

ために、社会貢献活動期間などを含めて４つのステージに分けてみました。４つのステージは、企業や個人の思いによって、さまざまな組み合わせが考えられると思います（図５－３参照）。

第１ステージ
技術習得期……スキルを身につける

新人時代です。はじめて社会に出て仕事をする期間で、とくに最初の１年間は、組織のメンバーとして基本的・常識的なルールと、仕事のすすめ方に関する基礎的なこと、担当する技術的な専門知識を学びます。組織固有のビジネススキル（社内組織の分業体制や社内ルールなど）を身につけ、はやくひとり前の仕事ができるようになるための期間です。

この時期、新人は技術スキルの習得に専念しますが、先輩は後輩に対して指導や助言をすることになります。ときには先輩自身が教育研修の講師を務めます。

自ら学んだことを後輩にも「教える」立場になることは、自らの理解を深める絶好の機会となります。

入社前の学識や専門性によってこの期間の長短はことなりますが、この第1ステージの期間の過ごし方が、そのひとのキャリアにおおきく影響します。「最初の3年で仕事人生の9割が決まる」、といえるのもこの期間になります。

第2ステージ　最前線活動期……アウトプットを創出する

第一線の技術者として、一人前のアウトプットすることが期待されます。経験を積むに伴い、重要プロジェクトのリーダーをつとめたり、対外折衝をしたりと、仕事の範囲もひろがります。

この時期にしっかり「実績」を積み上げ、所属組織におおきく貢献することになります。同時に、自問自答、試行錯誤の連続ながら、失敗からうまくいく方法を見つけ出し、成功することによって自信もつき、周りから信頼も得られるようになります。

第3ステージ　組織運営期……チームや組織をたばねる

組織のマネジャー、チームリーダーを任されます。組織やチームをたばねて、集団のベクトルを合わせ、かじ取りを行い、もてる組織の力を最大限に発揮する役割を担います。管理職や高度な専門職として、組織をたばねる責任ある立場になります。

第4ステージ　社会貢献活動期……企業をこえて広く社会に貢献する

会社に勤めている人は定年により退職し、組織を離れます。その後は、いわゆる第二の人生と呼ばれる時期です。技術者のマインド（魂）は、もっと世の中に貢献できるはずです。

わが国はものづくりという得意技があります。過去を振り返って自分なりの「経験知」を見つけると、技術者が、技術することの楽しみを退職後も味わえます。そうすれば、経験を自慢話にしなくてすみます。

生涯現役でいてほしい、とまではいわなくても、自分の人生を楽しくする収穫期と考えます。

3 技術者がリーダーシップを発揮する

技術という共通言語を生かせば、技術者集団でリーダーシップを発揮することはさほど難しいことではありません。リーダーシップという言葉については、技術者自身にも誤解があるようです。

リーダーとマネジャー

リーダーというと、トップリーダーやカリスマリーダーをイメージする方もあると思います。リーダーとマネジャーの差異については、前章で述べていますので、ひとことでいいあらわしてみます。

リーダーとは、何かを改革・変革する人
マネジャーとは、組織をうまくまわす人
いずれも、その役割とか機能をいっています。人格・見識などの人間性は別です。それらはもちろん高いほうがよいのは当然ですが――。自分のおかれている役割（機能）が、リーダーなのかマネジャーなのか、を意識すればよいことです。ときには、リーダーでときにはマネジャーの役割をする、ということもあるかもしれませんが…。

実際に、組織のなかでも、「目立たないリーダー」といわれる人がいるものです。その人は、地味な存在であっても、重要な役割を果たしています。おおきな発明・発見をするわけでもないが、持てる技術をうまくつかって、いままでにない革新的なことをやってしまう、そういう人です。

技術者どうしのコミュニケーション

この定義にしたがえば、リーダーであれ、マネジャーであれ、技術者どうしの場合、コミュニケーションはたいへんやりやすい面があります（この章では、特に断っていないかぎり、上記のリーダーとマネジャーの両方を単にリーダーと表記することにします）。

技術者は、技術の現場で共通体験・類似体験をしており、技術をすすめる上での共通プロセスや共通言語ができあがっています。専門分野は違っていても、抽象化すると共通した経験をしています。技術を構成する論理性は共有できますから、専門性の違いはあっても、同じセンスで話し合うことができます。

その結果、ことばによる表現力が多少弱くても、お互いのコミュニケーションは問題なく、理解し合えます。これは技術者の利点です。ただ、自分の技術を深く理解していることが前提となります。つまり、技術者としての本業を深めておけば、特別な教育はなくてもよいのです。

技術者どうしでないときは、技術的に共通するものがありません。ことばが通じない、生きている世界がちがう、ということになります。この場合は、伝えたいことを、比喩（ひゆ）やたとえ話などで相手に伝えるなど、コミュニケーションのスキルでカバーするしかありません。

つまり、企業の上級管理者になればなるほど、専門の技術が古くなり使えなくても、コミュニケーション力（折衝力）や洞察力・判断力などを高めることによって、自分の役割（機能）をはたすことができるのです。

4 高いレベルのチームづくりを目指す

技術者のリーダーシップ力を高めるとは、組織力を高める、ということです。個人の力をつけることはもちろんですが、チーム全体で大きな力を発揮することを目ざさなければなりません。

組織は、個人だけではとうていできないことを達成するためにあるはずです。でも、優秀な人が集まればそれでいい仕事ができる、というわけではありません。

コンサルティングの仕事をしていると、いつも感じるのは次のことです。

- 10人いても、10人力になっていない
- 個人の得意なことが活用されていないし、発掘もされていない
- 本業の周辺分野について、興味や関心が薄い（もつ余裕がない）

どれをとっても、もったいないことでもあり、やりがいもなく、むなしいことです。もともとリーダーは、組織の力を最大限に発揮させるために自分の役割がありま す。さらに「高いレベル」を目ざして行動しているはずです。どうすればよいでしょうか。

チーム力を高めるには、

チームのメンバーが10人いて、10人力になっているか？

この問題をまず考えましょう。ほとんどの場合、10人いてもせいぜい3人分くらいの力にしかなっていない、と感じています。みんなが一所懸命にガンバッテいるにも

かかわらずです。

いちばんの原因は、チーム全員の目標に対する方向性（ベクトル）が合っていないからです。チームの目標に向かうベクトルが、バラバラだとチーム力は大幅に減ってしまいます。メンバーひとりひとりの理解、思い、イメージが微妙にちがっています。極端なケースでは、同床異夢の状態です。つまり、同じ職場にいても、考えていることがバラバラです。

このような場合、リーダーが必死になって強引にベクトルを合わせようとすればするほど、「締付け管理」になりがちです。その結果、不自由さが増して、表向きには聞いているようでも、内心では反発することになってしまい、ますますやる気を失くしていきます。

解決策はシンプルです。①何のために（目的）、②何を（目標）しようとしているのか、③それはなぜなのか（意義）、を共有することです。

ベクトルが合えば、現在の３人力を倍増させ、６人力にするのは比較的容易にでき

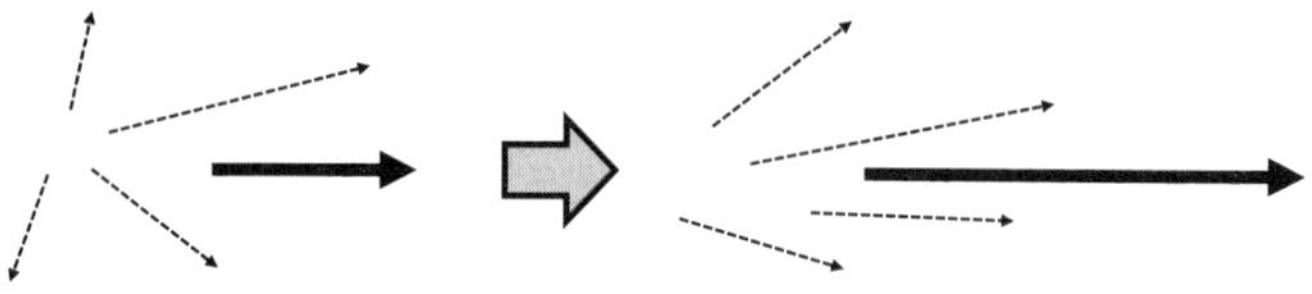

図5-4　方向がそろえば組織力は倍増

ます（図5－4参照）。

チームや個人の持てる力を引き出す

目標共有の具体的なやり方としては、「サクセスマップ」（図5－5参照）を描くことです。

その図の詳細説明は省略しますが、そのポイントは、目的を達成するための全体像を図で示し見える化することです。関係するメンバーは、これからやろうとしている全体の姿が見えます。図示されると、メンバーの理解も早まります。先が見えると安心できます（「サクセスマップ」に関しては巻末の参考図書『仕事の9割は「段取り」で決まる！』を参照）。

先が見えると、自分のやるべきことが自分でわかり、細かい指示をされなくても自発的に動くことができます。

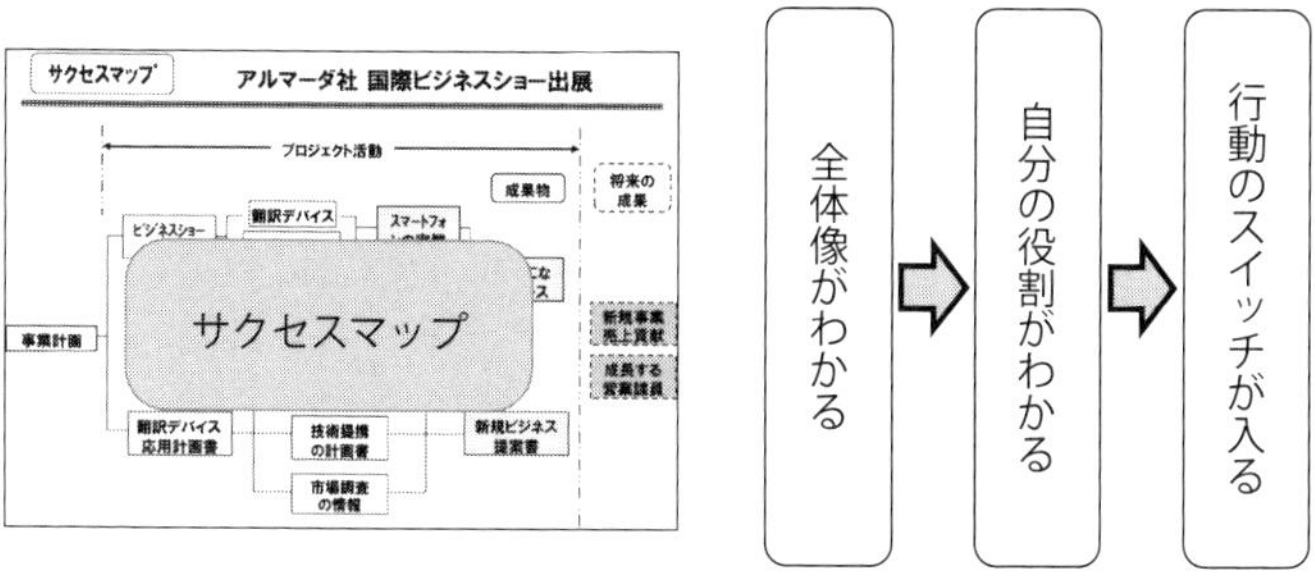

図5-5 目標を共有する「サクセスマップ」

リーダーは余計なお節介をせずに、じっと見守ることをします。できるだけ相談されるまで待つ、ここはひとつ手助けが必要かな、と思う節目で助言をするだけにとどめます。メンバーを尊重することにつながり、各人は積極的にチャレンジするでしょう。

人はそれぞれに個性があり、得意なこと、不得意なことがあります。自分の興味と仕事との相性（マッチング）もあります。しかし、やる気になれば、生産性はすぐに上がります。

アウトプットが能力の20％ほどしか出ていないとしても、やる気が出れば2倍増～3倍増はできます。それでもまだ、能力の40％～60％しか使っていません。

やらされていると感じたり、義務だからと考えたら、それは損失です。自分が積極的に「成し遂げたい」と感じたとき、みずからエネルギーがわくものです。

多くの場合、損失の引き金は上司の不必要なお節介か、善かれと思う熱心さが過ぎてしまうかです。

本人が落ち込んでしまい、ふたたび元気が出るまでの過程は、成長するための助走だと思い、上司はあたたかく見守ります。

リーダーがしてはいけないのは、メンバーへのやり過ぎたお節介です。「サクセスマップ」の活用によって、ゴール達成までの全体像の「見える化」を一緒に行うことによって、目標の共有ができます。目標が共有できると、リーダー自身もストレスは軽減されるし、なによりも、メンバー自身のストレスもなくなり、やらされ感はなくなり、活き活きとしてきます。

リーダーもいろいろな人がいます。ベクトル合わせをうまくしないケースでは、メンバー自身でやる気を出さなければなりません。それほど厄介なことではありません。次を考えてみてはどうでしょう。これだけでもやる気がでて、生産性が上がるようになります。

仕事は「3つの感」で

- 有意味感　自分のやっている仕事に「意味」や「価値」を見出す、発見する
- 全体把握感　活動全体の中で自分の仕事の「位置付け」を見出す、発見する
- 達成可能感　仕事は難しそうだが「やればできる、達成できそう」を見出す、発見する

仮に、これらのすべてがないと、想像してみてください。極端にやる気が落ちるでしょう。この「3つの感」をもつことは、自分の仕事に対する自信と誇りをもつことにもつながります。

やや精神論的ですが、どの立場にある人でも、意識的であってもなくても、自らを奮い立たせるために、考えていることだと思います。

5 全体観で技術者の器量を拡大する

「3つのスキル」をみがく

技術者の成長のステージをみてきましたが、そのステージがすすむとき、何を意識すればよいか。ここに大変明解なヒントがあります。

前出のステージでいえば、第2ステージ（最前線活動期）から第3ステージ（組織運営期）にかけては、自分ひとりの専門レベルをアップするだけでなく、組織の力を拡大する役割の時期となります。

それぞれのステージで必要なスキルがあります。リーダーやマネジャーはそのスキルを発揮すれば、優れた管理者（ここでは、リーダーやマネジャー）になれる、とロ

テクニカル・スキル	業務遂行能力
ヒューマン・スキル	対人関係能力
コンセプチュアル・スキル	概念化能力（全体観）

図5-6　3つのスキル（ロバート・カッツによる）

バート・カッツは説いています。

必要なスキルとは次の3つである、と説明しています(注)（図5－6）。

・テクニカル・スキル（業務遂行能力）

専門領域での手法・プロセス・手順・テクニックを理解し、それらを縦横に駆使する技量。最も具体的であり、あらゆる分野で専門化が進展する時代には多くの人に要請される。

・ヒューマン・スキル（対人関係能力）

組織内で、メンバー各自の能力を発揮させ、お互いが力を合わせられる環境をつくる。高度なものは、自分と異なった観点・認識・信念の存在を受け入れ、他人の言葉・

(注)『スキル・アプローチによる優秀な管理者への道』（ダイヤモンド ハーバード・ビジネス・ライブラリー）で、「優れた管理者とは、どのような人かではなく、何ができるかによって判定することが求められる」

行動・本当のねらいは何かを理解する。自分の行動を、相手の表現形式で伝えられる。

・コンセプチュアル・スキル（概念化能力）

企業活動や事象を総合的にとらえられる。組織の機能が相互に依存している関係性を理解している。一つの変化が、全体の機能にどのように影響するかを認識する。事業が、産業界・地域社会・国全体の政治、社会、経済にどう関係しているかを明快に描ける。

全体観は全体を見通す力

これら3つのうち、テクニカル・スキルとヒューマン・スキルについては、ほぼイメージどおりでしょう。しかし、コンセプチュアル・スキルについては耳なれない言葉だと思います。直訳して「概念化能力」といわれますが、むしろ「全体観」（全体を見通す力）とでもいった方がもっと具体的なイメージに近づくと思います。

3つのスキルの中で、組織の上位層になればなるほど、コンセプチュアル・スキルがより重要になると、カッツは述べています。経営者はテクニカル・スキルはほとんどなくても、ヒューマン・スキルとコンセプチュアル・スキルで仕事をこなせる、としています。

これらのスキルというものは、育成可能であり、単に潜在的なものにとどまらず、訓練によって行為として現れる能力であるとも説明しています。

全体観をもつことの正反対にあるのは、視野の狭さです。視野が広がれば、技術者の考え方がより柔軟になり、ビジネスの器量を拡大できます。

理論的裏づけがなくても現実を受け入れる

サイエンスの世界では理論的な裏づけと証明が必須ですが、技術の世界は必ずしもそうではありません。理論的な裏づけはなくても、経験上から推論して、実際にやってみてうまくいけばそれでよいのです。理論（理屈）はその後から追っかけるのです。

竹内薫さんの「99・9％は仮説　思い込みで判断しないための考え方」（光文社新

書、2006年）という本によると、飛行機がなぜ飛べるのか、じつはまだよくわかっていないのだそうです。それでも飛行機は毎日大量に飛んでいます。

科学の世界はあらたな仮説がでることによって進化します。

力学の世界は、ニュートンの古典力学から相対性理論を経て量子力学へと進化しています。さまざまな考えに接したとき、いったんは受け入れてみることも必要です。

これは器量というより、知的度量に属することかもしれません。

全体観を共有できればうまくいく

自分だけで目標を達成したと思っていても、全体からみれば「部分最適」に陥りかねません。全体観をもっていなければ、全体最適にはなりえません。いいかえれば、全体観をメンバーが共有していれば、リーダーが指示しなくても各メンバーは共有した目標に向かって動くので、全体最適の結果につながります。

これは、各部門がそれぞれに仕事をすすめていても、全体的に共有された目標をもっていれば、全社的な整合性はとれることにつながります。

第4章でとり上げた日露戦争はまさにその好例でした。長期戦ではダメ、1年程度の短期決戦で日本優勢にもっていき、その時点で米国の仲介による和平協議にもっていく、という戦略的な全体観。その戦略を実現させるために大局的な作戦をつぎつぎと実行していく、という壮大なプロジェクトだったといえます。

大国ロシアと小国日本の戦争という、プロジェクト全体を統括し、サブプロジェクトとうまく同期して、日本の国力が尽きるまえにポーツマス講和会議の席をつくることができました。

6 技術者倫理は頼りになる援軍

ちょっとしたことを確認するときに、インターネットのおかげでずいぶん便利になりました。インターネットの世界がすべてハバをきかせて、書籍や資料情報の著作権がだんだん軽視されることを憂えています。

現代社会で技術者は、著作権にかぎらず、あちらを立てればこちらに無理があるというさまざまなジレンマに直面します。

ところで、もっと恐ろしく思うのは、調べることの手間が簡単になったために、思考する時間も少なく、思慮も浅くなってしまったのでは、ということです。

自分で考えることをしないで、すぐに正解を求めてネットに走る傾向、その結果、間違いの情報や偽情報（フェイクインフォメーション）を信じてしまう傾向を憂えています。もっとも、賢く利用している人も多く、多様な考えや意見を収集する、という意味では、メリットもたくさんありますが…。

技術者倫理は実践のためにある

筆者（津曲）は大学の工学部で、「技術者倫理」を担当していますが、この講座の主旨を、次のようにシラバスに書いておきました。

――倫理、と聞くと「清く・正しく」という印象をうけるが、じつは大いに実践的なもの。技術者倫理は、技術者が仕事を進めるとき、頼りになる背骨のような存在である。時代の変化を見すえたとき、合理的な行動の指針となる。

「技術者倫理」が必要とされる場面や状況、その背景などを伝える。仕事の役割や仕事をすすめる上での基本的な知識、技術者の良心や覚悟についても学ぶ。

技術者の自立とは何か、ぶれない技術者人生とは何かを、ともに考えたい。――


この講座の中でも、ひとつの事例として自動車のリコールを取り上げています。すでに実務にたずさわっているものづくりの技術者にとっては、初心にかえって改めて考えてもらいたい基本中の基本にあたることです。この事例で技術者の社会的な役割を述べたいと思います。

リコール制度は技術者にとって頼りになる存在

自動車のリコールはわが国の社会に定着しています。大規模なリコールも珍しくありませんが、メーカーの不始末というより、台風情報のような感覚で受けとられているようにみえます。リコールを届け出たメーカーに対して、信頼そのものがゆらいでいるようには思えません。

制度の狙いは消費者の保護、つまり事故や故障を未然に防止することです。そのために販売後に判明した不具合について、メーカーは迅速に届け出て、その事実を公表し、改善のための対策や修理を無償で実施することが義務付けられています。

リコールは、不具合を起こしたこと、それ自体を責めるのが趣旨ではありません。情報公開を怠り、早期に対策をとらないことを厳しく戒めています。

誰でも、自身のミスを公表することは、いやなものです。加えて、自動車のような商品においては、メーカーに対する消費者の信頼を失うことにもなりかねないからです。

それでも、致命的なことにならないうちに、自ら進んで情報を公開し、消費者や環境を保護するのが、法の趣旨となっています。

リコールは消費者のためにある法制度です。リコールが必要であるにもかかわらず、メーカーが適正にリコールを実施しない場合、法による強制力が発動されます。リコールはメーカーの利益と相反するもの、じゃまになるものでしょうか。メーカーの技術者にとって、ないほうがよいのでしょうか。

リコール制度がなかったら

もしリコール制度がなかったらどうなるでしょう。技術者の立場で考えてみます。

市場から不具合報告が1件届きました。ハンドル操作ができなくなった、というあるユーザーからの不具合情報がよせられました。このユーザーは車庫入れなどの際、ハンドルを強く一杯に切る操作を繰り返していた、という情報も一緒に届いています。早速不具合の原因を調べた結果、部品の耐久性に問題があり、開発評価の不備だとわかりました。部品を新しく設計して、耐久性のあるものに交換すれば解決します。

原因はわかったものの、技術者としてはどう対処したらよいのか迷います。

社内で設計の不備を認めて、改善することはできるとしても、対象となる全てのユーザーに知らせるには、社外に公表しなければなりません。大々的な公表となれば、メーカーの信用問題になり、自社の販売全体に悪影響を与えることにもなりかねません。

技術者は更に悩みます。

もともとこの不具合は、ごくまれなことで起こったのですから、発生件数はたいしたことはないのかもしれません。それなら公表はせず、この不具合について実際に発生したとき、無償で修理することにしたらどうか、という意見もでます。

さて、どう対処すべきか、品質管理部を中心にして設計・製造・法務など、あらゆる関係者は、大いに悩みます。討議を重ねてもなかなか一致した結論にはならないでしょう。

リコール制度が当事者や経営者の迷いを解消します。

どう対処すべきか、メーカーとしてとるべき行動は明らかで、迷うことがないのです。素晴らしい制度だと思いませんか。

リコール制度が機能している国は文明国

現在のところ、このようなリコール制度をもつ国は、米国、カナダ、欧州諸国、オーストラリア、日本だけとなっています。

制度をもたない国の技術者は、設計や製造での問題が発生したとき、どう対処しているのでしょうか。自社の利益よりも、消費者や環境を保護する方向に、組織が一致協力して行動することは、相当に難しいことでしょう。

ものづくり「文明国」には、次のような意味があると考えています。問題が発生したとき、メーカーのとるべき行動が、消費者の利益や社会全体の利益と一致している、その仕組みがうまく機能するよう、国の法律が積極的に支援している。

そのような国では、安心して自動車を使うことができ、メーカーは自らに起因するエーザイグループの役員および従業員が判断に迷った場合に自問自答するためのものです。
その行動は、

1. 家族に胸を張って話せますか？
2. 見つからなければ大丈夫と思っていませんか？
3. 第三者としてニュースで見たらどう思いますか？

（エーザイ株式会社のホームページから）

図5-7　コンプライアンス・テスト

不具合に対して、迷うことなく問題解決や改善のため、ベストの行動をとることができます。

わが国において、自動車の場合は法律にもとづく制度がうまく機能しています。それでも「リコール隠し」のような行為は、自動車にかぎらずどの業界でも起こっています。

法制度でなくても、民間企業では独自のさまざまな工夫がされています。

「その行動は家族に胸をはって話せますか？」などと企業の役員や従業員が判断に迷った場合に自問自答するための指針を示す企業もあります（図5－7コンプライアンス・テスト）。

7 技術者がもっと発信すれば社会のクオリティがあがる

技術者の視点から、社会に対してもっと発信する、これは技術者としてのリーダーシップの発揮の仕方のひとつです。

どのようにすると、技術者がリーダーシップを発揮できるようになるのでしょうか。

その技法はぜひ身につけておきたいものですが、日々の仕事をするなかで、自然と身につくようにすれば、それに勝るものはありません。

公衆のひとりとしての技術者

公衆（社会一般の人）とは、技術の知識はほとんどもたなくても、技術の恩恵や影響を受ける人たちです。

技術を職業にしている人たちも、専門領域がちがえば「公衆」に分類されます。しかし、この人たちは一般の公衆とは異なります。自分のもつ専門領域の見識から、専門外であっても、より建設的で発展的な発信ができるはずだからです。

安全と安心は、同じものと誤解されているようです。しかし、まったく別ものです。

- 安全は技術者が理詰めで考えてつくるもの
- 安心は公衆が感じるもの

まず、技術者と公衆、それぞれのもつ情報には質と量、それぞれに大きな差があります。両者には「情報の非対称性」があるわけです。情報の非対称性とは、ある商品の売り手のみが専門知識と情報を有しているのに対して、買い手はそれを知らない、というように双方で情報と知識の共有ができていない状態をいいます。

たとえ技術者が情報をすべてオープンにしても、公衆がすべてを理解できるわけではありません。しかし、それでも、技術者が公衆の信頼をえることはできるはずです。

公衆のひとりとしての技術者は、このような信頼をえるための発信をしてもらいたいと思います。そのような場面をいくつかとりあげます。

原発の稼動停止と再稼動

3・11の大地震でおきたわが国の原発事故により、ドイツは国策としてすべての原発の廃止を決めました。

わが国とは異なり、ドイツはフランスなどの近隣諸国から電力そのものを購入できる国です。島国のわが国は、電力そのものを購入することはできません。発電のための原油や天然ガスを、中東などの産油国から輸入しなければなりません。

電力の約3割を原発に依存していた実情を無視して、当時の政府は、福島原発よりも津波による危険性が大きいとして、浜岡原発の停止を要請しました。「首相の要請」には法的な強制力はありませんでしたが、電力会社はこれを受け入れました。

国民の不安が高まっていたとはいえ、国民の「安心」を安易に得られる、という政治的な視点では理解できますが、「安全は技術者が理詰めで考えてつくるもの」という前述の定義からすれば、科学的な検討の議論を欠いたままの決定でした。「安心」だけにかたより、「安全」はほとんど考慮されていませんでした。

また、科学的な視点でのわが国のエネルギーを安定的に確保するという理詰めのエネルギー供給の「安全」も考慮されていません。これは今でも同じ状態がつづいています。

原発の安全性について、技術的な問題が残されているのは事実でしょう。その問題については技術開発を進めるか、かわりとなる新規エネルギーの開発が必要です。それらの見通しがないまま、40基以上も稼動していた原発のうち現在稼動しているのはわずかに3基のみです。電力供給は現在も綱渡りのはずで、ものづくり日本の根幹に関わるエネルギー供給の危機的な状況は続いたままです。

ものづくり日本を自らやめてしまうことにつながっているのではないかと、危惧しています。

安全を追求できるのは技術者

再稼動についても、規定に定める安全基準が確保できたのなら、次は安心を得る段階です。そのためにはわが国の状況、エネルギー事情から説明して納得を得るしかありません。

技術者が率先して努力している一方で、自治体の首長は再稼動反対の立場を鮮明にして、選挙に当選した人もいるわけです。

このような状況で大多数のコンセンサスを得ることはたいへんに難しいといえます。誤解の無いようにかさねていいますが、すくなくとも技術者は、「安心」よりも「安全」の追求に重きをおく視点をもってほしいと思っています。

再稼動の問題は、技術者が規定の安全を確保したのに、公衆の安心が得られない事例です。次の事例は、危険がすでに現実にあるのに、技術者が安全について何も手をつけない、したがって公衆の安心も得られない。とても、技術立国とはいえない事例です。

新幹線の安全

わが国の新幹線は、欧州や中国と異なり1964年の開業以来、乗客が車内で死亡する事故はありませんでした。これは偶然の結果ではなく、関係者の継続した努力による成果です。

2015年6月、走行中の車両内で放火事件が起こりました。それ以降、非常時の乗客の安全な脱出について何か手をうったようには見えず、乗客の安心もまだ得られていません。

鉄道事業者から本質的な対策が示されず、利便性のみを重視するかのような発言が聞かれます。独占企業だから安全について鈍感であり、利益のみを重視していると、誤解されてもしかたがありません。

監督官庁についても、どのような方針で監督責任をはたすのか、いまだにわからないままです。

もう想定外とはいえない

「安全」は技術でつくり上げるものです。安全のための研究と開発に、何も手をつけていないとしか見えない状況は、とても世界トップの新幹線とはいえません。現実に放火事件があったのですから、もう想定外とはいえません。もともと、想定の範囲がゆるすぎたと思います。

2015年8月、パリ行き国際特急列車がベルギー国内で走行中、武装した男による襲撃未遂事件がありました。

このとき、フランス国鉄の会長は、鉄道の各駅では空港のようなセキュリティチェックはできない、とコメントしていました。

別の関係者は、もしやるとしたら運賃がひとり20ユーロ上がる、とテレビニュースが伝えました。対策をある程度は検討しているのかな、と感じさせました。

安全という社会のクオリティをあげるには、直接関係する技術者と、公衆のひとりとしての技術者の協働が欠かせません。さまざまなところで組織の壁をこえた取り組みが、問題を解決していくと考えています。

第6章

日本のビジネス道を世界に広める

1 わが国の資源をあらためて振り返る

わが国にある独自の資源については、すでに述べました。仕事を通じて部下を育成すること（ＯＪＴ）や改善活動などは、すり合わせ技術を適用するよい例です。

ここでは、すり合わせ技術の基盤になっている日本の文化を考えてみます。

社会の階層意識が低い

わが国は階層意識がきわめて低い社会です。1億総中流といわれた時代もありました。
生まれたときから閉塞感をもつ階層は、日本にはありません。
企業でいえば、一般の社員が社長になっても、とくにめずらしいことではありません。

改善活動では、製造現場の技能員が、設計の技術者と一緒になって考え、それぞれ自分の意見を出しあう。これのような状況は、欧米の企業では見られないか、あったとしたらかなり日本的な経営をとり入れているところでしょう。

欧米ではそもそも技術者は工場に足をはこびません。

わが国では現場からの提案が適切なものであれば、経営に反映されます。これもわが国のすべての企業に見られるわけではありませんが、とくにめずらしいということはありません。

これら日本と欧米の企業の違いをみてもわかるように、わが国では現場と設計技術者には階層意識は低い、いや、ほとんどないに等しいのです。

カネ儲けより誰かの役に立ちたい

わが国では、昔から個人であれ企業であれ、カネ儲けさえできればよい、という考えはなかったといってもよいほどです。江戸時代から創業が続いている会社（お店）

では、商売は、人さまのお役に立つこと、むしろそうすることが商売繁盛のヒケツだと考えて、商売の基本に掲げているところは多い。

親が子に家業を継がせる、子がその意義を感じて、自分の子にも継がせる。その動機は、金銭的な価値だけでは説明できない何かがあります。誰かの役に立っているという確信が、最大の支えになっているのだろうと思います。

このような内発的な動機が、企業の寿命の長さという基準で測ると、日本は世界的にトップクラスという結果をもたらしたのではないでしょうか。このことからも、社会に貢献しているということに価値観をもつ、日本文化があるといえます。

いいとこ取り

「いいとこ取り」。説明するまでもなく、これはビジネスにかぎらずわが国の社会に広く普及しています。12月にはクリスマスでにぎわい、大晦日には除夜の鐘を聞き、元日には神社に初詣をする。本来これらは宗教由来の行事だったはずですが、日本人にとってまったく違和感のないふつうのイベントとして受け入れられています。

社会全体がこうですから、ビジネスでも何か変ったものがあれば、すぐにとり入れることにためらいはありません。ちょっとやってみてうまくいかなかったとしても、別のものがあります。

TQC、QC、シックスシグマ、PM、TOC、VE、VA…、いろいろなものがあります。日本の企業は何にでも興味を示す、うまくいかなければ、すぐ別のものに切り替える。いいとこ取りの精神からみて、これはほとんど国民的特技といってよいと思います。

2 経済と道徳を融合させた渋沢栄一

日本資本主義の父といわれる渋沢栄一は、第一国立銀行（国立銀行とは、米国のナショナル・バンクを訳したもので、国の法律にもとづいて設立されたという意味で、民間の銀行）の創設にたずさわり、後に頭取に就任するなど、生涯に500近い企業育成にかかわりました。

彼の著書に「論語と算盤《そろばん》」があります。それまでの封建時代には、社会正義のための「道徳」と、経済活動の結果の「富」とは、お互いに相いれないものだ、とみなされてきました。

ところが、渋沢は「論語と算盤」の中で経済活動（そろばん）のためには道徳（論語）が必須を説きました。つまり、経済活動にはその行動規範となるものが欠かせない、と考えました。この発想の底流には武士道があります。

経済と道徳を両立させる思想は、ひろく受け入れられました。

武士道の精神と商人の才覚をあわせもつ「士魂商才」は、殖産興業という当時の国家戦略にぴったりでした。渋沢の「論語と算盤」の思想は、いまもわが国の経済活動のＤＮＡとして受け継がれています。

渋沢の士魂商才は、「カネ儲け（利益第一）をいう現在のグローバリズム」とはあきらかに大きく異なるものでした。

3 行き過ぎた儲け主義を否定した創業者の信念

日本人の気質には、伝統的な文化、価値観があり、それらは独特の貴重な「見えない資産」と、欧米の知識人が注目しています。

「見えない資産」をもっていることで高く評価をされている企業には、社是や社訓が存在していると指摘しています。創業者の信念にもとづき、企業文化が確立しているからです。

企業活動に行動のブレがないから、いつもまっしぐらに、社是や社訓に照らして正しいと判断したことを、スピーディに行動するからでしょう。

ソニーの創業者である井深大が書いた、設立趣意書（昭和21年）があります。

そこには、次のようなことが書かれています。（抜粋、傍点は筆者）

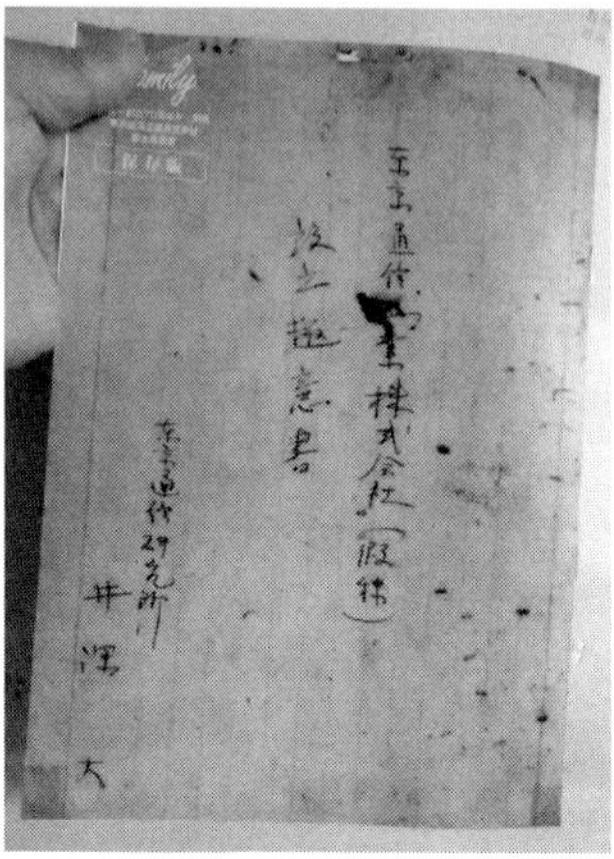

写真6-1　ソニーの前身、東京通信工業の設立趣意書

・技術者が技術することに深い喜びを感じ、
・自由闊達にして愉快な理想工場の建設、
・不当なるもうけ主義を廃し、
・あくまでも内容の充実、実質的な活動に重点を置き、
・いたずらに規模の大を求めない、
・技術上の困難はむしろこれを歓迎する（だれもやらないことに挑戦する）

まさに、カネ儲けより誰かの役に立ちたい、経済と道徳の融合がつらぬかれていました（設立趣意書の原本の表紙　写真6－1）。

4 誠実で真摯な努力が世界で味方をふやす

マスコミのネタになる企業の不祥事は、世界のあちこちで起きています。日本も例外ではありません。経営者の姿勢のみならず、働く人すべての道徳意識にも関係しますが、日本人が気質としてもっている「誠実で真摯に努力すること」を忘れさったからではないでしょうか。

日本が世界で存在感を示せるのは、誠実で真摯な努力をする道理をわきまえた人材によってです。グローバリズムの渦中では、誠実で真摯な努力や道理は、一見するとまったく役立たないようにもみえます。

しかし、ここにこそわが国の立ち位置があるのではないでしょうか。

自社のミッションを理解し、正しいことに勇気をもって実行する、そういう企業文化をもった人材が求められています。そのためには、自社にふさわしい人材を自前で教育するしかありません。自前とは社内で行う人材教育であり、上司が部下を育てる意思をもつことです。

渋沢栄一は、生涯に500近い企業育成にかかわったほか、600ほどの養育院や福祉ホーム、病院の運営・社会公共事業に関与しました。それぞれの活動で必要になった資金集めには、自らが関係する人たちへの訪問をするなど、積極的に動きまわり、自分の役割をはたしました。

このようにたくさんの企業や団体とかかわりあい、そこの人たちに「論語と算盤」の精神を伝えることによって、人材が育ったのです。

幕末に生まれ明治から昭和を生きた渋沢の思想は、グローバリズムの現代ではひときわ新鮮に感じられます。世界の中でゆるがないわが国のビジネス道の指針として、いまも生きています。

おわりに　わが国の資源を活かす

本書は、ものづくりに関係している人たちを対象に書いています。研究開発、設計、生産技術部門の技術者にかぎらず、ものづくりと関係している事務系、営業系の人たちにも読んでもらいたいと思っています。

事例を記述した内容は、とくに断り書きがないかぎり、日産については津曲、ソニーについては酒井の経験によるものです。

第6章で述べましたが、誠実で真摯な努力が日本には最も向いていると思います。カネ儲け第一のいわゆる現代のグローバリズムは、日本に向いたやり方ではないと思います。無理にマネしても失敗するだけでしょう。すぐ役立つことしかやらない、すぐ役立つことしか教えない・学ぼうとしない、これらも効率一辺倒ということで同じ結果になるでしょう。

本書では、技術者のための技法として、TRIZ（トリーズ）と品質工学（タグチメソッド）をとり上げました。

TRIZについては、黒澤愼輔氏のWEBサイト『TRIZ塾』を参考にしました。このサイトのトップに、次のように書いてあります。

〝「TRIZ」という人類の遺産に日本語でふれられるようにするためにこのサイトを作りました。〟

黒澤氏は広範な領域にわたるロシア語文献を自ら翻訳されています。本書での「資源」や「オープンタスク」などについて、筆者たちはこのサイトを参考にしています。

品質工学については、参考図書にとり上げた長谷部光雄氏の「タグチメソッドのはなし」を参考にしました。タグチメソッドの解説にあたり、基本的な思想を中心にしながらも技法（ハウツー）の説明も大幅に取り入れた1冊となっています。「一流の設計者の発想」、「規格の二面性」などとともに、「安全性の設計思想」についても記述されています。

TRIZと品質工学に関して、本書の記述で誤りや偏りがあるとすれば、それはすべて筆者たちの責任です。理解不足としてご容赦いただきたいと思います。

我われが目指す社会は、人を大切にし、人を重視する社会です。

さいわいにもこれからは働く人の不足、生産年齢人口の急激な減少期をむかえます。こういう状況こそが、わが国にとって、まさにありがたい「資源」といえます。この状況で人という資源はますます貴重になります。安易に外国人労働者に頼ることなく、希少資源となる人に教育という投資をすれば、社会のクオリティを高め、同時に生産性をも上げることができます。このとき、わが国だけの強みであるすり合わせ技術を活用すれば、人という資源をさらに何倍にも活かすことができるでしょう。

誰でも、自分の強みはなかなかわからないものです。

考えてみると、こういうシナリオを描けることそのものが、まさにわが国の強みであり資源ではないでしょうか。本書が、読者の皆さまの資源活用の一助になればさいわいです。

推薦文
「すり合わせ技術」は日本の技術者にとって最強の武器になる

東京都市大学学長　三木千壽

日本人はバブル崩壊後、日本そのものに自信をなくしているように見えます。しかし、わが国の得意技はいぜんとしてものづくりにあります。

今回、東京都市大工学部で教鞭をとる津曲公二先生が新著を発行されました。新著のタイトルは、『日本のものづくりを救う！ 最強の「すり合わせ技術」』。

もともとわが国の特長として、協調性があり、きめ細かく丁寧な仕上げには定評があります。

すり合わせは、「物ごとをうまく調整する」という意味で使われます。

この本ではそこにとどまらず、「すり合わせ技術」は、従来の「もの」のすり合わせから「知」のすり合わせへの発展形とされています。わが国だからこそできる、独自の強みとしてとり上げられています。そのための必須要件のひとつに「核となるリーダーの存在」があります。

これはまさに本学の目的とするところです。

本学は、「世界で活躍できる実践力を有する人材」の育成を進めています。すべての学生、教職員、卒業生が大きな夢を持ち、それを実現していく場、リスクを恐れずに挑戦する場として、進化し続けています。

本書が、学生たちに夢を描かせ、それを実現する力を持たせるための一助となることを願っています。

謝辞

本書の執筆にあたって、多くの方々に助けてもらいました。

奥海邦昭氏は、筆者（津曲）が日産にいたときの同僚です。ゴーン改革当時、ルノーとの生産部門の窓口を努めたあと、キャリアコーチとして開発部門の人材発掘を担当されました。その後、パリのルノー本社に4年間勤務、日産とルノーの社風の差異なども含め、本書のゴーン改革などの記述は、そのほとんどが彼の経験を参考にしています。

株式会社ロゴの是枝彰一氏は、つねに関連する情報を提供してもらいました。執筆内容の位置づけや妥当性をチェックできました。伊藤昭氏には、全体の構成や流れについて、多くのアドバイスをもらいました。岡田英彦氏には、示唆に富む数多くの指摘に、時には説明を逆転させることもありました。松崎明範氏には、データと情報の整理でお世話になりました。その迅速な対応に感謝します。

漫画家ゆきち先生とのお付き合いは、3年ほどになります。聞き上手のゆきち先生との会話は、筆者たちにとって、仕事についてのまたとない振り返りの時間になっています。

日刊工業新聞社の阿部正章氏に感謝します。筆者たちの当初の企画には、悩まれたと思いますが、辛抱強くおつき合いいただきました。脱稿後も、筆者たちのポカミスなどを丁寧に修復し対応していただきました。

筆者（津曲）が非常勤講師を務める、東京都市大学の三木千壽学長から、推薦文をいただき感謝します。「本書が、学生たちに夢を描かせ、それを実現する力を持たせるための一助となることを願っています」と結ばれています。まさに我われ筆者たちの思いと同じであり、意を強くしました。

出版にこぎつけるまで多くの方々のお世話になりました。本書のテーマである「すり合わせ技術」に関連して言えば、出版は、風通しのよい環境で進行したと思います。

まことにありがとうございました。

津曲公二　酒井昌昭

参考図書

『仕事の9割は「段取り」で決まる！』（酒井昌昭　伊藤昭共著、2014年　高橋書店）
『仕事は半分の時間で終わる！』（津曲公二　清水茂共著　2013年　ダイヤモンド社）
『人生に役立つ「坂の上の雲」名言集』（津曲公二　酒井昌昭共著　2011年　総合法令出版）
『改善・提案活動の実践ノウハウ集』（柿内幸夫　2015年　技術情報協会）
『サービスできないドイツ人、主張できない日本人』（川口マーン恵美、2011年　草思社）
『99・9%は仮説　思い込みで判断しないための考え方』（竹内　薫、2006年　光文社新書）
『タグチメソッドのはなし』（長谷部光雄　2014年　日科技連）
『TRIZ塾』　ホームページ　http://www.trizstudy.com/

〈筆者略歴〉

津曲 公二

株式会社ロゴ　代表取締役社長　東京都市大学非常勤講師。日産自動車（株）で、鋳造工場技術員を振り出しに、本社技術部を経て財務部門で自動車ビジネスを学ぶ。開発部門ではパワートレインの商品企画を担当、新エンジン開発などのプロジェクトに参画。同社退職後、研修企業勤務を経て2003年5月に酒井昌昭とともに（株）ロゴを設立し現在に至る。著書に「仕事は半分の時間で終わる！」（ダイヤモンド社）、「坂の上の雲に学ぶ勝てるマネジメント」（総合法令出版）などがある。

酒井 昌昭

株式会社 ロゴ 代表取締役副社長、株式会社フォーキスト　技術・経営顧問。ソニー（株）で、主に製品開発、設計業務に従事。民生用製品から業務用システム製品開発など幅広い範囲で、多くの商品化プロジェクト、海外R&Dプロジェクトを経験。設計業務改革のプロジェクト活動中にプロジェクトマネジメントの真価と効用を体感、マネジメント研修講師の道に踏み出し現在に至る。著書に「仕事の9割は『段取り』で決まる！」（高橋書店）、「人生に役立つ『坂の上の雲』名言集」（総合法令出版）などがある。

〈漫画家〉

ゆきち先生

1980年生まれ。立教大学社会学部卒。日刊スポーツ新聞などで4コマ漫画を連載。漫画を担当した書籍に「ちょこっと改善（日本経営合理化協会）」「みんなのおバカメ〜ル（ぶんか社）」などがある。フジテレビ『人志松本の○○な話』に出演し、すべらない話に認定された経験もある。

日本のものづくりを救う！
最強の「すり合わせ技術」

2017年3月23日　初版1刷発行　（定価はカバーに表示してあります）

© 著　者　津曲　公二
　　　　　酒井　昌昭
発行者　井水　治博
発行所　日刊工業新聞社
　　　　〒103-8548　東京都中央区日本橋小網町14-1
電　話　書籍編集部　03（5644）7490
　　　　販売・管理部　03（5644）7410
F A X　03（5644）7400
振替口座　00190-2-186076
U R L　http://pub.nikkan.co.jp/
e-mail　info@media.nikkan.co.jp
印刷・製本　新日本印刷（株）

落丁・乱丁本はお取り替えいたします。
2017 Printed in Japan　ISBN 978-4-526-07696-1